Peter Paul Althaus
Sanfte Irren Geschichten

Peter Paul Althaus

Sanfte Irren Geschichten

Gesammelte Prosa
Herausgegeben und mit einem Vorwort versehen
von Hans Althaus

PENDRAGON

Veröffentlicht im Pendragon Verlag
Günther Butkus, Bielefeld 2005
© 2003 Hans Althaus
© für diese Ausgabe Pendragon Verlag
Günther Butkus, Bielefeld 2005
Alle Rechte vorbehalten
Umschlag & Herstellung: Uta Zeißler
Motiv: „Peter Paul Althaus", Josef Merle, 1993
© Copyright by Josef Merle (1913-2004) und Erben
ISBN 3-86532-032-5
Printed in Germany

Inhalt

Vorwort des Herausgebers	7
Aus meiner Familienchronik	17
I. Unser Familienheld	19
II. Der Hund von Baskerville	20
III. Unser Admiral	22
IV. Meine Tante Frieda	24
V. Onkel Pankratz	25
Die Séance	28
Der Mann mit dem Vogelkopf	31
Die Diskussion	35
Hilfe – Mein Mann ist ein Engel	37
Der Brief	40
Apropos – Abhanden gekommen	45
Die alte Cousine	47
Die ungemein dicke Frau	48
Der Ehrenzweikampf oder das Duell	50
Tragik	52
Bekanntschaft mit einem Baum	53
Zeitsparende Erfindungen	55
Geschichten von Herrn Jemand I – XIII	57
Die hinteren Wörter des Herrn Polycarpus	63
Begrüßungsrede zur Nikolausfeier in der Seerose	69
Selbstgemurmel zur Klagelaute	73
Vorwort oder Nachruf – das ist hier die Frage	78
Verworrene Elegie und billiger Eigentrost I – XIII	85
Eröffnungsrede bei der Umsiedlung des Monoptoross	97
Das Chanson und der Bourgeois	107
Unter den Dächern von Schwabing	112
Die Traumstadt	116
Entwurf zu einer Rede aus meinem Grab heraus	120
Aus einem späten Tonbandbrief	123
Großer Bilderbogen für Kriminalromanleser	125
Anmerkungen	138

Vorwort des Herausgebers

Auch unter den Literaten – von anderen Berufsgruppen ganz zu schweigen – ist es Mode geworden, eine Autobiografie möglichst schon zu Lebzeiten zu hinterlassen. Diesen Gefallen hat uns PPA nicht getan. Wir kennen lediglich einige autobiografische Skizzen. Auch vermerkte er, dass aus seinen Gedichten sein Leben gelesen werden kann. Sicher eine Möglichkeit, wenn man den Dichter gut gekannt hat. Fast unerschöpflich ist jedoch sein umfangreicher Schriftverkehr. PPA konnte deutlich sagen, was er dachte.

Am 28. Juli 1892 wurde er in Münster in Westfalen in der Nähe des Prinzipalmarktes in der Bogenstrasse 7 geboren.

Sein Vater Franz aus dem bäuerlichen Medebach/Hochsauerland war Kaufmann und seine Mutter Elisabeth, eine geb. Fandreyer, stammte aus Düren und soll französisches Blut in ihren Adern gehabt haben. Schon am 31. Juli 1892 wurde der Junge auf die Namen Peter Paul Carl getauft. Peter nach seinem Patenonkel, Paul nach seiner Großmutter mütterlicherseits Appolonia, da man ihn nicht Appolonius oder Apollo nennen wollte und Karl nach seinem Onkel Karl Klein. Der Schüler Paul erwies sich als aufgeweckter, zu Streichen bereiter Junge, die die Lehrer weniger verstanden. So wurde er „Primus" im Kennenlernen der Münsteraner Gymnasien und schaffte endlich 1913 seine Primareife in Lingen an der Ems. Nach dem Willen der Eltern sollte er einen „anständigen" Beruf erlernen und Apotheker werden. Aus späteren Briefen wissen wir, dass er die Ausbildung unterlief, indem er einmal in der Apotheke eine große Flasche mit Schwefelwasserstoff fallen ließ; die Räume sollen noch Tage danach gestunken haben.

PPA meldete sich als Freiwilliger zum Ersten Weltkrieg, aus dem er als Leutnant nach Münster zurückkehrte. Später sagte er einmal: „Ich war nacheinander (zuweilen miteinander) Säugling, Kind, Schüler, Gymnasiast, Apothekeneleve, Soldat, stud. phil., Pressereferent, Schmierenschauspieler, Herausgeber zweier Zeitschriften, Theaterdramaturg, Soldat, Lektor, freier Schriftsteller." Aus der Münsteraner Zeit sei hervorgehoben, dass er dort Philosophie, Kunstgeschichte, Literatur und Musikwissenschaften studierte, Zeitschriften herausbrachte, erste Gedichte vortrug und veröffentlichte und mit seinem Bruder Josef eine Heeresgutsammelstelle betrieb, in der sich auch sein literarischer Freundeskreis traf.

1922 zog es ihn nach München, da ihm diese Stadt mehr anzubieten hatte: Es war die Stadt der Gräfin Franziska zu Reventlov und Frank Wedekind. Er machte Bekanntschaft mit der Schwabinger Boheme: Joachim Ringelnatz, Erich Mühsam, er war im Simplicissimus bei der legendären Kathi Kobus und lernte Stefan George, Karl Wolfskehl und Klaus Mann kennen. Wichtig wurde für ihn die Freundschaft mit Hilde Supan, damalige Lektorin beim Recht-Verlag und später eine bekannte Psychoanalytikerin, die ihn in die dortigen Künstlerzirkel einführte. Seine Schaffenskraft ist bemerkenswert: 1922 übersetzte er Molières Tartuffe aus dem Französischen, 1923 erschienen seine Gedichte im Musenalmanach des Freiherrn von Münchhausen und seine Mystische Lyrik aus dem indischen Mittelalter, 1924 seine Übersetzung von Voltaires Geschichte Karl XII aus dem Französischen, die Gedichte „Jack, der Aufschlitzer" und drei Lebensgeschichten großer Menschen (Dürer, Sachs und Bach). 1925-26 war er Dramaturgie- und Regieassistent am Weimarer Nationaltheater und 1927 erschienen seine altrussischen Kirchenlieder in Nachdichtungen. Seit 1928 arbeitete er überwiegend für den Rundfunk. Unzählige Male stand er vor dem Mikrophon; von den vielen Hörspielen und Bunten Abenden sind uns nur wenige Manuskripte bekannt. Tondokumente sind leider nicht mehr vorhanden.

1929-30 wohnte er bei dem bekannten Maler Hermann Ebers in Seeshaupt am Starnberger See. Aus der Freundschaft mit dessen jüngsten Tochter Antonie gingen rührende Gedichte hervor, in denen er sie liebevoll To nannte. Es ist bemerkenswert, dass die Freundschaft mit dieser 22 Jahre jüngeren Frau ein Leben lang hielt. PPA muss auf manche Frauen einen nachhaltigen Eindruck hinterlassen haben. So erhielt er von seiner Jugendliebe aus dem Jahre 1919, Annemarie, noch 1963 einen Brief. Auch seine Ehefrau Inge, die er 1938 kennen lernte, 1939 heiratete und sich 1941 von ihr schied, schrieb ihm noch Jahre liebevolle Briefe, den letzten 1965, in dem sie ihm einen Liebestraum mitteilte. Auch seine spätere Verlegerin Ingeborg Stahlberg hatte ihn geliebt und begann ihre Briefe mit „Lieber Pitti". Dagegen ist das Verhältnis mit Marietta di Monaco als platonisch zu bezeichnen. Einigen Frauen widmete er Gedichte. Hilde Supan, sein „Hildchen", die ihn die gesamte Münchener Zeit begleitete, setzte er ein Denkmal, sie ruht in seinem Grab und auf ihrem Grabstein stehen die Anfangsnoten des Liedes: „Ich hatt' einen Kameraden."

1930 war er Mitbegründer des literarischen Kabaretts „Der Zwiebelfisch". Seitdem arbeitete er mit Ludwig Kusche zusammen, der viele seiner Gedichte vertonte. Von 1931-32 erschienen seine Versglossen in der „Welt am Sonntag". Sein bekanntestes Rundfunkstück wurde 1933 „Liebe, Musik und Tod des Johann Sebastian Bach." 1936 wurde sein Theaterstück „Zauber der Stimme" an den Bühnen der Stadt Köln uraufgeführt. In dieser Zeit reiste Althaus viel: Vor allem England, Spanien und Italien. Seine Eindrücke hinterließ er uns in seinen Reisegedichten.

Seit 1937 spürte er die Zwänge der damaligen Zeit, denen er sich anpassen musste, um weiter arbeiten zu können. Um den Folgen einer Denunziation zu entgehen, trat er in die Partei ein; trotzdem durchsuchte 1938 die Gestapo seine Wohnung. 1939 wurde er Chefdramaturg und Oberspielleiter am Berliner Deutschlandsender und moderierte die Sendungen „Das Schatzkästlein" und „Gruß aus der Heimat". Bei diesen Sendungen, die gern gehört wurden, handelte es sich um eine Folge von Lyrik und Kammermusik, bei der die Zuhörer bei der damaligen angespannten Lage einmal in der Woche zu sich selber kommen sollten. PPA war sich dabei bewusst, auch Sprecher eingesetzt zu haben, die aus ihrer Abneigung gegen das Regime keinen Hehl machten oder als „jüdisch versippt" galten. Der Forderung, die Sendung heroisch zu gestalten, entgegnete er mit dem Hinweis, dass es keine heroische Kammermusik gäbe. Am 1. April 1941 wurde er auf Weisung des Propagandaministers Dr. Göbbels aus dem Rundfunk „entfernt". Durch Kenntnis der Gedichtbände „Jack, der Aufschlitzer" und der Widmung des Buches „Das vierte Reich" an Albert Einstein aus dem Jahre 1928 war er für die Machthaber untragbar geworden.

PPA zog es vor, im Kriege unterzutauchen, obwohl er davon überzeugt war, dass er nicht gut ausgehen würde. In Schleswig-Holstein geriet er in Kriegsgefangenschaft. Er war verbittert: „Die beiden blödsinnigen Kriege haben mich elf Jahre meines Lebens gekostet, wichtige Entwicklungs – und Reifejahre, und ich bin sechsmal verwundet worden." Aber bald war er wieder in München und wohnte zunächst in Tutzing am Starnberger See, wo die Traumstadtgedichte entstanden. Er war das wiederbelebende Element der Schwabinger Boheme. Zusammen mit dem Schauspieler Gustl Weigert gründete er 1947 das Brettl die „Schwabinger Laterne"; der Song wird noch heute von der bekannten Schwabinger Gisela gesungen. 1948 machte er bei Mutti Bräu sein eigenes Kabarett „Monopteross" auf, das wenig später ins Café Stephanie umzog.

Noch im selben Jahr gründete er den Seerosenkreis, ein Zusammenschluss von Literaten und Malern in der gleichnamigen Gaststätte in der Feilitzschstraße, der noch heute besteht. PPA ernannte sich zum ersten Bürgermeister der von ihm erdachten Traumstadt. Ab 1949 wohnte er wieder in München-Schwabing.

Im September 1949 reiste er nach Hampstead, England, zu einer Mrs. Knight, die eine mystische Vereinigung leitete. Es waren die Vorbereitungen zu der Übersetzung des Buches „Initiation" von Alice A. Bailey aus dem Amerikanischen.

1951 erschien im Stahlberg-Verlag „Die Traumstadt" in dem charakteristischen quadratischen Format, in dem alle weiteren Bücher herauskamen: 1952 „Dr. Enzian", 1953 „Flower Tales – Laßt Blumen sprechen", 1956 „Wir sanften Irren", 1961 „Seelenwandertouren" und 1966 als Nachlassband „PPA lässt nochmals grüßen". Diese Bücher begründeten seinen eigentlichen Ruhm. An weiteren Bänden wäre zu nennen: „Wundersame, abenteuerliche, unerhörte Geschichten und Taten der Lalen zu Laleburg", ein Schildbürger-Schelmenbuch mit Illustrationen von Joseph Hegenbarth (1956), „Der richtige Benimm", ein heiteres Quiz für alle Situationen (1959), der in der Illustrierten Revue erschienen war, die Herausgabe der „Seemännchen Bände", „Von der gelassenen Heiterkeit", „Das Nestroy-Seemännchen" und „Das Lichtenberg-Seemännchen".

PPA schrieb zudem noch viele Beiträge und Vorworte. Althaus hatte sich inzwischen einen Ruf erworben; er wurde zu einer Institution. 1952, er war inzwischen 62 Jahre alt geworden, hatte er die Rundfunktätigkeit aufgegeben, um sich vollkommen seiner schriftstellerischen Tätigkeit zu widmen. 1954 sah er zum letzten Male seine Heimatstadt Münster. Als Bürgermeister der Traumstadt vergab er Titel wie Obertrambahnschaffner für den damaligen Oberbürgermeister von München, Dr. Jochen Vogel, der sich nicht nehmen ließ, ihn mit „Kollegen" anzusprechen, Ingrid Kuchler, die für ihn die Schreibarbeit erledigte, wurde eine Ehrenvorzimmerdame und Ludwig Kusche, der viele seiner Gedichte vertonte und sein

Requiem schrieb, wurde Generalmusikdirektor. Andere ehrte er mit einer kleinen silbernen Seerose. Die so Geehrten waren stolz auf diese Auszeichnung. Eine weitere Ehre war, Ehrenbürger der Traumstadt zu werden. Zwei dieser Ausgezeichneten waren Jobst Kissenkötter und Karl Norbisrath, die später Biographien über ihn schrieben. Zuletzt vergab er den Titel eines Großkomtur. Der damalige OB von München antwortete auf diese Auszeichnung:

Sehr geehrter, lieber Traumstadt-Bürgermeister!

Der Bürgermeister dieser Tagstadt (am Bewusstseinsstrom gelegen) entbietet dem Kollegen aus der „Morgenschlummerzone" herzlichen Gruß und Dank für die Ernennung zum Großkomtur der Traumstadt-Ehrenlegion.
Nach altem Ritterbrauch gelobe ich, verirrte Traumstadtkinder und verwaiste Lächeln zu schützen, Hausdrachen, Autoschlangen und Pleitegeier mutig zu bekämpfen und im übrigen nach Kräften dafür zu sorgen, dass aus dieser Stadt keine Alptraumstadt werde.
Mit kollegialer Hochachtung
Ihr
Gez. Dr. Hans Jochen Vogel

PPA erhielt als erster 1961 den Schwabinger Kunstpreis für Literatur und vom bayrischen Rundfunk eine Goldmedaille. Der Seerosenkreis ehrte ihn mit einer goldenen Seerose. Er wurde Ehrentukan des Tukankreises, Ehrenassel der Katakombe, Ehrenbarkeaner der Barke und Senator der Halkyonischen Akademie; es sind selten vergebene Auszeichnungen.

Ludwig Kusche äußerte anlässlich seines 65. Geburtstages über ihn: „Deine Lyrik ist von Haus aus musikalisch. Deine künstlerischen Spielereien mit Vokal und Konsonanten, vor allem die Art deiner Reime, sie kommen vom Wort Klang her. Du bist wahrscheinlich einer der letzten Sterne am Himmel jener deutschen Dichtung, die jene Feuchtigkeit des wirklichen Humors besitzt."

Zu seinem 70. Geburtstag hielt der damalige Altbundespräsident, Theodor Heuß, die Laudatio über den Südwestfunk Stuttgart und spannte dabei einen großen Bogen von Morgenstern über Ringelnatz zu ihm. Hans Reimann vermerkte in seiner Literazzia: „Hier waltet ein Wortmusikus, der auch dann so dichten würde, wenn Morgenstern nicht gewesen wäre."

PPA schrieb einmal: „Ich spiele gern. Mit Worten, mit Klang, mit Farbe. Sonderbarerweise kommt in dies Spielen immer „von selbst" ein tieferer Sinn hinein." 117 Stufen unter den Dächern Schwabings arbeitete er in seiner „Höhle", die er in den letzten Lebensjahren aus gesundheitlichen Gründen kaum noch verließ. Er machte keinen Hehl daraus, dass ihm die Zustände Schwabings um 1960 nicht gefielen: „Schwabing ist kein Zustand, Schwabing – das sind Zustände!" Als ihm das Schreiben schwer fiel, verschickte er Tonbandbriefe an seine Freunde. So auch seine Ansprache zum ersten Traumstadtabend am 29.04.1965.

Kurz vor seinem Tode schrieb er: „Wenn ich mein langes Leben überschaue, kann ich sagen: Es war schön." Am 16. September entschlief er sanft in seiner Wohnung in der Trautenwolfstraße 8. Er wurde in einem Ehrengrab der Stadt München auf dem Nordfriedhof unter großer Anteilnahme seiner Freunde beigesetzt.

Hans Althaus (derzeitiger 3. Bürgermeister der Traumstadt)

Peter Paul Althaus
Sanfte Irren Geschichten

Aus meiner Familienchronik

Vorwort

Meine Vorfahren hießen ALTHAUSEN. Erst gegen Ende des 18. Jahrhunderts oder etwas später wurde der Name auf Althaus abgekürzt. Die Gründe dafür sind in unserer Familienchronik nicht vermerkt. Möglicherweise war einer von den Medebachern[1], so heißt das Dorf, aus dem meine Urahnen stammen und deren Nachkommen zum Teil noch wohnhaft sind. Die Farbe muss ihm ausgegangen sein, um den Namen ganz an das Haus zu schreiben oder er war zu sparsam, was bei den von Natur aus sparsamen Medebachern möglich ist, warum die Medebacher, vornehmlich die zahlreichen Althausens im weiten Umkreis die schottischen genannt werden.

Da ich die meisten der in diesem Almanach enthaltenen Anekdoten, Briefen oder mündlichen Überlieferungen der Althausens verdanke, habe ich das vorliegende Buch „Althausens" Anekdotenalmanach genannt, wenngleich auch etliche Erlebnisse mir von jetzt noch lebenden Althaus-Verwandten mitgeteilt wurden. Einigen traue ich nicht ganz. Da ist z.B. eine Briefpost aus Helgoland, die von einer Frau Althaus stammt, die dort Sennerin gewesen sein soll, wie sie schreibt und dortselbst eine Bekanntschaft mit einem Herrn Generalintendanten aus Bayern gepflogen haben will. Sie erzählt – aber das finden sie auf Seite ... genauer beschrieben.

Ich traue solchen Berichten nicht ganz und werde dieserart Anekdoten mit einem Sternchen und mit Vorbehalt wiedergeben. Bekanntlich sind Anekdoten nicht immer verbürgt, geschweige denn überhaupt wahr, sondern ganz einfach erfunden. Und auf ihren Wegen durch vielerlei Münder und Umwegen über Anekdotensammlungen wird beispielsweise eine und dieselbe Anekdote mal Kleopatra oder Xantippe und ein anderes Mal Adele Sandrock zugeschrieben. Dieser Gefahr wird im vorliegenden Band dadurch begegnet, dass meine Verwandten und auch ich selbst weder die Xantippe noch die Kleopatra persönlich gekannt habe, da wir nur selbsterlebte Anekdoten erzählen.

Anekdoten, wirkliche und wahrhaftige Anekdoten, die stets nur auf eine einzige Persönlichkeit zutreffen und die dadurch mit wenigen Worten die betreffende Persönlichkeit spiegelbildgleich erhellen und zugleich ein Stück Zeitgeschichte vermitteln. Durch eine scharfe Lupe gesehen.

Meines Erachtens sollte auf solche Weise Geschichtsunterricht erteilt werden.

Ich denke noch mit Schaudern an meine über ein halbes Jahrhundert zurückliegende Pennälerzeit zurück, in dem wir dressiert wurden, die Merowinger und Karolinger samt Jahreszahlen herunter zu rasseln. Unser Primus konnte es. Was zwischen den Jahreszahlen lag, war ihm egal. Er lernte non vitae sed scola. Dafür war er auch der Primus. Er hat von seinem Wissen nicht viel Gebrauch machen können, denn ein Vierteljahr nach dem Abitur ist er gestorben. Auch ich, der ich über 70 Jahre alt bin, habe in meinem Leben nie für die Merowinger und Karolinger samt Jahreszahlen Verwendung gehabt.

Aber auch wir anderen, die länger gelebt haben, hatten in unserem längeren Leben, sofern wir nicht Oberlehrer geworden sind, kaum Gelegenheit, die Merowinger und Karolinger nutzbringend als auch nicht nutzbringend anzuwenden.

Heutzutage, so nehme ich an, wird der Geschichtsunterricht anders gehandhabt. Aber sehr geehrte Herren Oberlehrer, verpassen sie nicht die Anekdoten in ihrem Geschichtsunterricht. Anekdoten sind die Rosinen in dem großen Kuchenteich, den man Geschichte nennt, der dauernd um und umgerührt wird – so dass den Merowingern und Karolingern schon ganz schwindelig geworden sein muss und den ihre Schüler verdauen sollen.

Mit vorzüglicher Hochachtung
Der Herausgeber

I. Unser Familienheld

Unsere Familienchronik – ich stamme mütterlicherseits von französischen Vorfahren ab – berichtet wird von einem bemerkenswerten Mann, dem Sergeanten Bombarouille. Ich erzähle diese kleine Episode, durch die er in unsere Familiengeschichte eingegangen ist, deshalb, weil sie sich in diesen Tagen genau vor hundertfünfzig Jahren begab.

Das war nach der Schlacht bei Marengo[2]. Napoleon hielt Heerschau. Die Reihen waren rot von blutigen Verbänden. Ungezählte Soldaten hatten die umgekehrten Flinten unter dem Arm als Krücken. Der Kaiser schritt die Reihen ab. Bei den schwer Blessierten blieb er stehen, sprach mit ihnen und verteilte Orden. So kam er auch zu dem Sergeanten Bombarouille, der in der Schlacht den rechten Arm verloren hatte.

„Sie haben brav gekämpft, Sie haben Ihren Arm für das Vaterland gelassen, Sergeant! Ihr Kaiser wird Sie nicht vergessen!", redete Napoleon ihn an.

„Für meinen Kaiser würde ich mit Freuden auch meinen anderen Arm opfern, Sire!", beteuerte der Sergeant Bombarouille, während der Kaiser ihm das Kreuz an die Brust heftete.

„Nun, nun, vorläufig haben Sie genug getan!", meinte Napoleon lächelnd, gerührt über so viel Diensteifer und Treue.

Der Sergeant Bombarouille legte das Lächeln des Kaisers jedoch als Zweifel an seiner Beteuerung aus, zog seinen Säbel, hieb sich den linken Arm ab und legte ihn dem Kaiser zu Füßen.

Napoleon soll ihm noch ein Kreuz an die Brust geheftet haben. Aber das ist wahrscheinlich Legende.

Ich habe mir oft den Kopf darüber zerbrochen, wie er das Kunststück fertig gebracht hat. Schon dass er sich mit dem linken Arm den linken Arm abschlagen konnte, ist erstaunlich; aber wie er seinen Arm dem Kaiser zu Füßen gelegt hat, das bleibt mir unfassbar. Er muss ihn mit den Zähnen aufgefangen und ihm in hündischer Treue sozusagen, dem Kaiser apportiert haben.

II. Der Hund von Baskerville

Mein Ururgroßoheim Gaston Baskerville ist seinerzeit ein bekannter, ja berühmter Hundezüchter gewesen. U.a. hat er eine Art neufundländischen Pudel herausgebracht. Allerdings nur in einem einzigen Exemplar. Diese Rasse hätte, wenn der Hund nicht auf so tragische Weise ums Leben gekommen wäre, eine große Aussicht auf Berühmtheit, Ausstellungspreise usw. usw. gehabt.

Einmal musste – und das ist die tragische Weise, wie der Hund umgekommen ist – einmal musste mein Ururgroßoheim in irgendwelchen Geschäften über Land reiten. Zu seiner Sicherheit nahm er Bingo, den besagten neufundländischen Pudel mit. Außerdem hatte er ein Pistolet zu sich gesteckt. Damals war das Reiten über Land genau so gefährlich wie heute das Zufußgehen durch nächtliche Straßen.

Unterwegs verlor mein Ururgroßoheim seinen Mantelsack, das Felleisen, das er hinter sich auf den Sattel geschnallt hatte. Bingo bemerkte es, sprang dem Pferd immer und immer wieder in die Zügel, und Gaston Baskerville, in dem Glauben, der Hund sei tollwütig geworden, zog das Pistolet und schoss das Tier über den Haufen.

„Noch einmal," so heißt es in der Familienchronik „blickte er rückwärts. Dabey vermisste er seyn Felleisen, ritt zurück, fand den Hund beim Felleisen, das ihm noch einmal die Hand leckte und starb."

An dieser Geschichte ist zweierlei auffallend. Erstens, dass das Felleisen meinem Ururgroßoheim die Hand geleckt hat und dann gestorben ist, und zweitens, dass genau dieselbe Geschichte einige Seiten weiter in unserer Familienchronik und zwar in anderer Handschrift, von Tankred Baskerville, dem Enkel des unglücklichen Schützen Gaston Baskerville, berichtet wird. Dort hat der Bericht noch den Zusatz: „Als Tankred Baskerville das Felleisen aufheben wollte, schoss eine Viper unter demselben hervor, stach ihn in die Hand, und er verschied zur selbigen Stunde neben seinem Hunde."

Diese beiden Geschichten haben mir zu denken gegeben, als ich kürzlich wieder einmal in unserer Familienchronik blätterte. Offensichtlich liegt hier ein typischer Fall von Legendenbildung vor. Von Legendenbildung mit einem Zusatz von persönlichem Ressentiment. Das Wort „Viper" ist mit einem Kreuzchen versehen, mit einem in roter Tinte gemalten Kreuzchen; und unten auf der Seite steht, ebenfalls mit roter Tinte in steilen zittrigen Buchstaben hingeschrieben die Fußnote: „Viper – der Finger Gottes!" Diese Fußnote stammt von unserer Stiefgroßtante Fernandra. Sie wollte partout ihren Stiefvetter Tankred heiraten, dieser aber hat sie nicht gemocht. Und das hat sie ihm nie vergeben können. Nicht einmal, als er schon gestorben war, daher die Fußnote.

Wieso aber, so fragen wir uns, ist die Umwandlung des handleckenden Felleisens in eine stechende Viper zustande gekommen?

Nun, da es handleckende Felleisen, die sterben oder an denen man stirbt, nicht gibt, suchte man nach einer „natürlichen" Erklärung und geriet dabei wie das immer so geht, wenn man etwas „natürlich" erklären will, noch mehr in die Legendenbildung.

Dass sich die erste Geschichte, die Geschichte von unserem Ururgroßoheim Gaston Baskerville ganz einfach ein Schreibfehler eingeschlichen hatte oder dass der Schreiber bloß eine unleserliche Handschrift hatte – dass man statt: „... fand den Hund beim Felleisen, der ihm noch einmal die Hand leckte ..." – auf diesen nahegelegenen Gedanken ist man, scheint es, nicht verfallen.

(Möglicherweise will unsere Familienchronik aber den Tod unseres Großonkels Tankred auch nur vertuschen oder beschönigen; er trieb nämlich nebenbei ein bisschen Straßenraub.)

Jedenfalls, so entstanden und entstehen Legenden. (Heute ist Hamlet „fat" und nicht, wie es wahrscheinlich heißt: „hot".)

Übrigens, als im Jahre 1902 der „Hund von Baskerville" (The Hound of the Baskervilles) von Conan Doyle erschien, vermuteten wir eine weitere Legendenbildung. Wir haben das Buch nicht gelesen, weil wir kein Englisch können. Aber Herr Conan Doyle teilte meinem Vater auf Anfrage mit, dass es sich sowohl um einen anderen Hund, als auch ganz besonders um andere Baskervilles handele.

III. Unser Admiral

Unsere Tante Elsbeth war schon von jeher antimilitaristisch. Sie hatte sich 1906 mit einem Hauptmann vom Train verlobt, die Verlobung aber war 1911 in die Brüche gegangen. Seitdem ist Tante Elsbeth antimilitaristisch. 1913 hat sie einen Lotterieeinnehmer geheiratet. Und seitdem ist sie abergläubisch dazu. Tante Elsbeth meint noch heute, dass damals im Jahre 1944 das Bild von Theodor Körner die Bombe auf das Haus gezogen habe. Die Bombe aber war genau so ein Zufall wie der Umstand, dass das Bild des Freiheitshelden und Dichters Theodor Körner bei uns in der guten Stube an der Wand gehangen hat.

Mein Großvater ist ein Mann gewesen, der auf „Gegenstücke" versessen war. Er wollte immer alles symmetrisch haben. In unserer guten Stube standen zum Beispiel zwei braune Klaviere, beide mit Gipsbüsten drauf. Eine Gipsbüste von Schubert und eine von Schumann. Das eine Klavier hatte mein Großvater aus einer Konkursmasse übernehmen müssen und das andere hatte er dazugekauft, damit das Klavier aus der Konkursmasse ein Gegenstück hatte. Was die beiden Gipsbüsten von Schumann und Schubert anbetraf, so hatten sie ebenfalls die Aufgabe, als Gegenstücke zu wirken. „Schu-Schu" pflegte mein Großvater zu sagen. Er lebte eben in einer Zeit, da alles viel einfacher war als heute. Nebenbei gesagt konnte in unserer ganzen Familie niemand Klavier spielen. Nur unser Untermieter, Herr Katastersekretär Moritz, spielte etwas Cello, aber er hatte meist keine Zeit dazu, weil er lieber zum Skat spielen ging. Außerdem gehörte er gar nicht zu unserer Familie.

Um nun wieder auf Theodor Körner zurückzukommen – unser Großvater hatte das Bild gekauft, weil er ein Gegenstück zu dem Bild von Jan van Kirsch haben wollte. Jan van Kirsch ist ein Verwandter von uns gewesen aus dem holländischen Zweig. Das Bild zeigt ihn in einer österreichischen Admiralsuniform. Eigentlich hatte er das Konditorhandwerk gelernt. Wie er nach Österreich und in die österreichische Familie geraten ist, wissen wir nicht. Aber wir wissen, wie er österreichischer Admiral geworden ist.

Es ist gar nicht uninteressant. Während des Siebenjährigen Krieges, kurz nach der Schlacht bei Kolin[3] – das ist nun auch schon wieder, Gott sei Dank, beinahe 200 Jahre her – musste er aus irgendeinem Grunde bei Hof erscheinen. Bei der Audienz oder was es war, passierte ihrer Majestät, der Kaiserin Maria Theresia, etwas Menschliches. Die Höflinge wussten nicht, wie sie sich verhalten sollten; in den Etikette-Vorschriften war dieser Fall nicht vorgesehen. Leutnant van Kirsch aber, unser holländischer Verwandter – er war damals erst Leutnant – tat geistesgegenwärtig einen Kniefall und bat die Kaiserin untertänigst um Verzeihung. Maria Theresa hat huldvollst genickt; und nach der Audienz (oder was es war) hat sie ihn zu sich kommen lassen und hat zu ihm gesagt: „Leutnant van Kirsch, ein Seemann, der einen ungünstigen Wind so gut zu benützen weiß, verdient, Admiral zu sein. Hole er sich morgen sein Patent!"

Als unser Verwandter dann sein Patent hatte, hat er sich patentieren – Verzeihung pensionieren lassen. Nach dem

Siebenjährigen Krieg, den er in der Hauptsache als Admiral im Ruhestande mitgemacht hatte – es gab sowieso während des Siebenjährigen Krieges nicht viel zu tun für die österreichische Marine – heiratete er eine reiche Konditorstochter.

Ich weiß, dass mehrere ehemalige junge Seeoffiziere der damaligen Zeit ihre Beförderung zum Admiral aus demselben Grunde, wie Jan van Kirsch, erhalten haben wollten. Aber einmal hätte man so viele Admirale in der österreichischen Marine gar nicht brauchen können und zum anderen ist es auch gar sich so wichtig, dass unser Verwandter Admiral war. Viel wichtiger ist es, dass er in der eingeheirateten Konditorei tüchtig Hand mit anlegte, unser Verwandter Jan van Kirsch und dass er zum Erfinder der nach ihm benannten Holländischen Kirschtorte wurde. Und darauf sind wir stolz. Nicht auf den Umstand, dass er Admiral war.

Sein Andenken lebt bei uns in der Familie fort und fort. Von Theodor Körner wissen wir nur aus dem Konversationslexikon.

IV. Meine Tante Frieda

Meine Tante Frieda übte einen für Frauen sehr seltenen Beruf aus: Sie war Hungerkünstlerin!

Und während sie Tag und Nacht (sie hatte den amerikanischen Rekordinhaber um 3 1/2 Tage geschlagen) um ihren eigenen Rekord zu verbessern, vom 1. Juni bis zum 30. September in ihrem von einem Notar versiegelten Glaskasten saß, 2 x 3 Meter, bleich wie eine sagenhafte alte nordische Königin in einem Schloss am Meer – sie konnte, weil mir das bei „Meer" gerade so einfällt, natürlich weder baden noch sich sonst ausgiebig waschen in dieser Zeit – was tat sie?

Sie hielt auf den Knien einen Schreibblock. Wie bei George Sand, wenn sie den gerade komponierenden Chopin anherrschte, er solle ihr einen Fidibus für ihre Zigarren bringen. – Aber Tante Frieda hatte für einen Flügel keinen Platz in ihrem Glaskasten und auch keinen Chopin. Sie schrieb auch keinen Roman. Auch keinen Tatsachenbericht über ihre Hungerzustände, für den sie bei dem gegenwärtigen Niveau der Illustrierten bestimmt eine große Summe erhalten hätte.

Nein, sie schrieb – ein Kochbuch, ein exzellentes Kochbuch, das ein Bestseller wurde. Und da ich es vor dem Erscheinen orthographisch überarbeitet habe, bekomme ich von Tante Frieda monatlich 300,-- Mark.

Ihre Laufbahn als aktive Hungerkünstlerin hat sie aufgegeben. Ich warte darauf, dass sie eines Tages platzt, denn sie lebt von und mit ihrem Kochbuch und ich mutmaße, dass ich sie beerben werde.

V. Onkel Pankratz Leichtdorn

Erst nach Behebung vielfältiger Schwierigkeiten kam Onkel Pankratz in unsere Familie.

Er bewarb sich um meine ansehnliche Tante Herta, hatte ein florierendes Karnevalsartikelgeschäft und besaß neben einem unverwüstlichen, dauernd betonten Humor, ein stattliches Ansehen.

Soweit, so gut.

Sein Vorname „Pankratz" wäre noch hingenommen worden. Man konnte ihn ja in Kosenamen verwandeln: Pani – Kratzilein, Kratzchen – usw. Aber er hieß mit Nachnamen „Leichtdorn". Und meine Tante Herta lehnte es strikt ab „Frau Leichtdorn" zu heißen.

Was war zu tun?

Entweder liebte sie Herrn Pankratz Leichtdorn oder sie liebte ihn nicht!

Mit diesen Gedanken ging Pankratz Leichtdorn finster brütend 6 Wochen lang in seiner 5-Zimmer-Wohnung – die sogar schon ein Kinderzimmer besaß – auf und ab. Ab und Auf. Dann kam ihm der erleuchtende Gedanke: Namensänderung beantragen!

Er schreibt unter Schilderung seiner Seelennöte an das Amt für Namensänderungen und bat um einen anderen Namen. Irgendeinen. Er überließe das dem Amt. Und man möchte ihm das Zertifikat mit der Kostenrechnung per Nachnahme zuschicken.

Im Amt für Namensänderungen erkundigte man sich zunächst nach den Jahresumsätzen der Firma Leichtdorn, Karnevalsartikel, um die Kosten für eine Namensänderung gemäß seinen Einkommensverhältnissen festzustellen.

Nach einem Monat erhielt Herr Pankratz Leichdorn eine Nachnahmesendung über 800 Mark, die er strahlend bezahlte und dem Briefträger noch 5 Mark Trinkgeld gab.

Und nun kam eine Stunde schwerer Versuchung. Sollte er das Kuvert öffnen oder nicht? Mannhaft entschloss er sich, mit dem ungeöffneten amtlichen Kuvert vor die Tante Herta hinzutreten: „Willst du nun die Meine werden, du wirst Frau ... heißen!" Und dann wollte er das Kuvert aufreißen, das Kuvert für 800 Mark mit seinem neuen Namen und wollte sagen: „Pankratz ... hält von neuem um Deine Hand an." Wie gesagt, er überwand die Versuchung, das Kuvert sofort zu öffnen. Er wollte sich und Tante Herta überraschen.

Und das gelang ihm auch über alle Maßen: Als er kniend vor Tante Herta das Kuvert öffnete, nachdem er ihr zuvor einen Rosenstrauß überreicht hatte, las er, um 800 Mark leichter – las er – vor: „Hierdurch wird Herrn Pankratz Leichtdorn nach § 66 76 78 Abs. Vb und nach Entrichtung der angefallenen Gebühren die Erlaubnis erteilt, sich und seine Karnevalsartikelfirma vom 1.10. d.J. ab, anstelle seines bisherigen Namens Leichtdorn ... – 'Hühnerauge' zu nennen."

Tante Herta wäre nunmehr, wenn sich die Sache so zugetragen hätte, in Ohnmacht gefallen und damit wäre nach dramaturgischen Gesetzen der Vorhang über diesen 2. Akt gefallen.

Aber es ging hier nicht nach dramaturgischen Gesetzen wie bei Labiche.

Der 3. Akt war ganz anders. Dramaturgisch völlig neu. Onkel Pankratz nahm seinen neuen Namen nicht an. Er war auch nicht bei Tante Herta gewesen. Nach 1/2 Jahr hatte er sich einen Konsultitel gekauft. Konsul Pankratz Leichdorn. In dem von ihm vertretenen Land wurde der Name Litzedohrn ausgesprochen.

Außerdem wurde er von einem kleinen Fürstentum noch geadelt. Gegen entsprechendes Honorar natürlich. Konsul Pankratz von Litzedohrn.

Seitdem haben wir einen Leichdorn in der Familie.

Tante Herta lässt sich abwechselnd Frau Konsul und Frau Baronin nennen.

Die Séance

„Sie müssen einmal kommen," sagte eine Dame zu mir, die außer sehr viel Menschlichem nichts Geheimnisvolles an sich trug.

„Jeden Freitag um Mitternacht haben wir eine Séance. Da kommt wahnsinnig viel heraus, Sie müssen das erleben," sprach sie weiter und sah mich sehr besonders an. Diesen Blick hätte ich bestimmt falsch ausgelegt, wenn ich das Wort ‚Séance' nicht als geheimnisvollen Verkehr mit dem Jenseitigen erkannt hätte.

Ich war unschlüssig – dann sagte ich zu und kam auch mit Blümchen bewaffnet kurz nach Mitternacht.

Fünf Treppen hoch, dann links – ein dunkles Hinterhaus.

Ein alter Herr mit einer Hornbrille, Filzschuhen und traurigen Augen empfing mich. Er legte seinen gichtigen Zeigefinger auf seinen Mümmelmund, deutete auf einen Kleiderhaken und dann auf eine Tür. Ich stand mit Blumen und etwas verloren da. Der Empfangsherr hatte mich schlurfend verlassen. Ernst und gebeugt.

Da war ich bereit, wieder zu gehen, aber die Neugier ist eine starke Kraft, die mich sogar einen dunklen Gang gehen ließ durch eine Tür, hinter der schaurig das Gewesene auf mich wartete.

Menschen, nur in Schemen erkennbar, saßen um einen Tisch.

In der Ecke flackerte eine Kerze – die Vergänglichkeit der Zeit zeigend. – „*Theodor*" – „*Theodor*" – beschwörend, brüchig stand die Stimme im Raum – 'melde Dich – melde dich doch' – 'Elisa,

Deine Urenkelin, spricht zu Dir – melde Dich – wie geht es dir?'

Ich stand noch an der Tür. Alle, die um den Tisch saßen, hatten sich an den Händen gefasst, das sah ich jetzt. Kalt lief es mir über den Rücken und meine Hände begannen feucht zu werden, als ganz gemütlich forsch von irgendwoher die Antwort kam: „Jut!"

Ein Aufatmen und unterdrückte Seufzer waren zu hören. Sie hatten Kontakt mit Theodor, dem Urahnen – erstaunlich das!

Ich bekam einen Platz und rechts und links eine Hand. Der Geist Theodor ließ sich dadurch nicht stören, denn nach langwierigen Befragungen sagte er noch über die Urtante Mia aus und über jenen geheimnisvollen Sohn August, der 1796 im Urwald verschollen war, wie ich später erfuhr. Allerdings, Theodor war einsilbig. Er sagte auf alle Fragen nur „Jut". – Für mich war das spärlich, aber für die anderen viel genug, um seufzen zu können.

Eine Pause war angebracht. – So intensives Fragen und bis in eine weite Vergangenheit lauschen, erschöpfte.

Ich wurde mit einem müden Kopfnicken zur Kenntnis genommen und bekam eine Mohnsemmel wie die andern auch. Man aß trocken und hüstelnd – das musste auch irgendwie zur Séance gehören.

Dann durfte ich, sozusagen zum Empfang, einen Namen nennen von einem Menschen, der mir nahe gestanden hatte und nun nicht mehr auf dieser Erde war. Vorname – Geburtstag – Todestag und Familienstand mussten angegeben werden.

Mir war sonderbar zumute, als ich all das von meiner alten

Mutter sagte, was verlangt wurde. Nein, ich wollte sie doch nicht in ihrer Ruhe stören, die sie doch so notwendig brauchte, um sich von ihrem schweren Leben zu erholen, mit uns unmöglichen Kindern und dem brüllenden Vater. 'Nein' wollte ich sagen – aber es war schon zu spät.

Hände ergriffen meine Hände und meine Mutter wurde gerufen. „*Adele* – *Adele* – melde dich – Dein Sohn möchte wissen, wie es dir geht. *Melde* Dich – *Adele* – "
Man gab sich alle Mühe, aber meine Mutter meldete sich nicht.

Ich nehme an, sie wird den Ruf nicht gehört haben, weil sie gerade mit besonderer Liebe dem kleinen Engel sein Nachthemd ausbügeln wollte. Jede Falte extra – und den Kragen besonders schön!

Er wird mir sehr ähnlich gewesen sein – der kleine Engel – darum hatte sie keine Zeit.

Der Mann mit dem Vogelkopf

Als ich nach dem Konzert, das ein junger Pianist, von dem gesagt worden war, er sei ein kommender Mann – er war allerdings erheblich zu spät gekommen und der Konzertbeginn hatte sich dadurch um beinahe eine halbe Stunde hinausgezögert, aber es war recht gut gewesen, das Konzert, und der junge Pianist hatte gehalten, was von ihm versprochen worden war – jetzt muss ich nochmals von vorne beginnen, sonst wird der Satz zu lang. Ich bin nämlich noch ein bisschen verwirrt.

Also, ich fuhr von dem oben erwähnten Konzert mit dem letzten Vorortszug heim. Mir gegenüber, als einziger Mitreisender im Abteil, saß ein Mann unbestimmten Alters, der eine Art Vogelkopf hatte. Ich konnte aber nicht herausbekommen, welcher ornithologischen Gattung dieser Kopf zuzurechnen war; überdies hatte ich meine Abendzeitung noch nicht gelesen. Im „Horoskop des Tages" stand für mein Sternenbild unter „Neue Pläne, Reisen" jenes dicke Minuszeichen, welches „ungünstig" bedeutet. Nun, der Tag war ja fast zu Ende und auf der kurzen Strecke würde wohl nichts passieren. Ich wollte mich gerade in die Romanfortsetzung vertiefen, da tippte mir mein Gegenüber mit dem Zeigefinder aufs Knie und sagte: „Entschuldigen Sie, wir kennen uns doch!" Ich konnte mich nicht erinnern.

„Doch, doch", sagte der Vogelköpfige, „Wir kennen uns ganz bestimmt, ich weiß im Augenblick nur nicht, woher. Sind Sie nicht in Piepenhausen aufs Gymnasium gegangen?"

Ich bekannte, dass ich nicht einmal wisse, wo Piepenhausen liege. „Aber wir kennen uns doch!" beharrte der Vogelmann, „waren sie nicht um Achtundzwanzig herum mit der Apothekerstochter in Brambach verlobt? Nein? Aber ein Verhältnis haben Sie doch mit ihr gehabt?"

„Weder noch", sagte ich kurz, hob meine Zeitung und verschanzte mich. Der Mann versank ins Brüten. Ich hatte das Gefühl, dass er mit seinem runden gelben Kopfe die Zeitung durchbohrte, um zu eruieren, woher er mich kenne. Plötzlich pickte er so energisch mit seinem Zeigefinger auf mein Knie, als wolle er ein Loch in meine Hose stoßen. „Sie sind Numero 52!"

In meinem Gesicht muss sich ein deutliches Erstaunen gespiegelt haben.

„Sie saßen heute Abend im Mozartsaal auf dem Stuhl Numero 52, stimmts?" Triumphierend sah er mich an.

Ich war ziemlich verdutzt. Ob ich auf dem Stuhl Nummer 52 gesessen hatte, wußte ich nicht mehr, oder vielmehr hatte ich überhaupt nicht gewusst, denn die Eintrittskarten zu dem Konzert hatten weder auf eine bestimmte Reihe noch auf eine bestimmte Nummer gelautet – aber jetzt wurde mir die Sache interessant. Ich gab dem sanften Druck seiner Linken nach und ließ die Zeitung sinken.

„Ja, da wundern sie sich, nicht wahr?", kicherte der Vogelkopf, „ich saß nämlich zwei Reihen vor Ihnen. Ich habe Sie mir als Nummer 52 gemerkt. Sie saßen in der vierten Reihe auf dem vierten Platz von rechts –"
„Stimmt", platzte ich heraus.

„Muss stimmen! Die Nummer habe ich mir ausgerechnet! Die zweite Stuhlreihe begann mit der Nummer 17, es standen in jeder Reihe 16 Stühle, also musste Ihre Reihe, die vierte, mit der Nummer 49 beginnen, und da Sie auf dem vierten Stuhl von rechts saßen, musste dieser Stuhl die Nummer 52 tragen. Übrigens, als der Pianist seine erste Piece – warten Sie mal – er holte das Konzertprogramm aus der Brusttasche –"ja, G.F. Händel, Chaconne in G-dur – noch nicht zur Hälfte absolviert hatte, wußte ich auch bereits, dass die dicke komische Dame mit dem grünen Hut, sie ist Ihnen sicherlich aufgefallen, auf Nummer 276 saß und dass die einzigen Herren, die in dunklen Anzügen erschienen waren, fünf an der Zahl, die Nummern 24, 63, 91, 112 und 211 innehatten. Quersumme, nebenbei, 6. Nach dem Concerto in h-moll von Telemann gingen der Herr und die Dame von 129 und 130 fort und bei den sinfonischen Etüden von Schumann kamen noch drei Nachzügler und setzten sich auf Numero 162, 163 und 165. Bei der Toccata in D-Dur von Bach hatte die Dame von 164 mit dem Nachzügler von 165 getauscht. Wie fanden Sie übrigens das Konzert? Der Pianist hat so schrecklich geschwitzt, fanden Sie nicht auch? Vier Taschentücher für zehn Stücke, das erachte ich denn doch als etwas überreichlich. Allerdings muss man bedenken, dass einige sehr anstrengende Kompositionen dabei sind, aber trotzdem! Ich habe den jungen Mann um seine Schwerstarbeit bei der Hitze in dem Saal nicht beneidet. Bei der Klaviersonate von Tschaikowsky hat mir der Junge direkt leid getan! Aber weshalb ziehen sich die Herren Pianisten auch so unpraktisch an? Frack, gestärkte Hemdbrust, steifer Kragen, harte Manschetten! So ein Mensch handicapt sich doch wissentlich und willentlich selber mit einer derartigen Kleidung, wenn er frei und unbeschwert in die Tasten hauen will! Kein vernünftiger Holzhacker, kein denkender Steinklopfer, kein verständiger Bergarbeiter oder Schiffsheizer würde auf die Idee verfallen, seine Arbeit im Frack und mit gestärkter Hemdbrust zu verrichten! Und dann dieser alberne Haarschnitt, den die Pianisten für die Ausübung ihrer Tätigkeit nötig zu haben glauben! Haben Sie bemerkt, wie er immer wieder blitzschnell eine Hand frei machen musste, um die heruntergefallene Mähne zurückzustreichen? Haben Sie das gesehen? Mich würde so was wahnsinnig machen bei der Arbeit! Wenn ein Berufsboxer oder ein Tennisprofessional, Leute, die ja schließlich auch sehen müssen, wohin sie schlagen, mit einem solchen Mähnenhaupt im Ring oder auf dem Turnierplatz erschiene, dann würde der Gegner ihn für komplett verrückt halten. Zugegeben, die Pianisten spielen nicht gegen einen Gegner, es sei denn der Komponist, den sie interpretieren. Aber, wenn sie meinen, sie könnten auf ihre Haarfülle nicht verzichten, dann sollten sie wenigstens bei so temperamentvollen Stücken wie der Klaviersonate von Tschaikowsky, eine gestrickte Stirnbinde tragen, wie das die Skispringer tun, damit ihnen die Haare nicht in die Augen wehen! Und dann, diese Klaviermenschen sind mit ihren Konzerten viel zu teuer. Was haben Sie für Ihre Karte bezahlt? Zwo Mark zwanzig, soweit ich weiß. Ich hatte eine Freikarte. Für Zwo Mark zwanzig können sie den schönsten Platz in einem Konzert haben, wo gut und gerne 60 und mehr Musiker spielen. Da zahlen sie also für den einzelnen Musiker, den Dirigenten gar nicht mitgerechnet, da zahlen Sie für den einzelnen Musiker noch nicht einmal –"

Der Zug hielt an. Ich stand auf.

„Nee, warten Sie, das müssen wir noch schnell ausrechnen!", sagte der Vogelmensch, „übrigens, ich kann immer Freikarten zu Konzerten bekommen, wenn Sie mal Lust haben, mit mir ins Konzert zu gehen –"

Ich floh. Und wie gesagt, jetzt sitze ich zu Hause und bin immer noch ein bisschen verwirrt.

Die Diskussion

Probleme zu wälzen, Gespräche zu führen, Ansichten kundzutun – das wird es immer gegeben haben, wo Menschen zusammenkamen. Früher trafen sich die Frauen an den Brunnen, an den Waschzubern oder in den Spinnstuben. Die Männer trafen sich in den Kneipen.

Da wird alles besprochen worden sein, was für diejenigen wichtig war oder was sie als wichtig ansahen. Auch von den Früheren konnte man nicht verlangen, dass sie immer gleicher Meinung waren. Es wird schon damals eine Rede und eine Gegenrede gegeben haben. Leise und bedächtig, scharf und temperamentvoll, böse und rechthaberisch – oft bis zum Streit!

Die Verhaltensweise, wie sich die, die miteinander sprachen, benahmen, mag etwas von der Landschaft abhängen, in der sie geboren wurden oder aufwuchsen, denn wir wissen, dass es Landstriche gibt, in denen gerne zum Messer gegriffen wird, wenn eine geringfügige Fehde ausgetragen werden soll. Wir wissen weiter, dass in diesen Gegenden des Messers die Frauen sanftmütig und duldsam waren oder sind. Der Grund liegt auf der Hand. Umgekehrtes gibt es auch. Keifende und sich in die Haare krallende Weiber und duldsam insichgekehrte Männer.

Außer dem Herkommen spielt natürlich auch das Thema des Gesprächs eine Rolle. Über einen Hosenknopf sollte man nicht soviel streiten oder reden können wie über einen Mord; über einen Löffel weniger als über ein Bauernhoferbe.

Dieser Theorie bin ich aber nicht so ganz sicher, weil ich weiß, dass über einen Löffel schon langwierige Prozesse geführt wurden und dass sich zwei Frauen über einen Hosenknopf sehr wohl in die Wolle kommen können und auch – dass aus den kleinsten Nichtigkeiten schon ganze Kriege entstanden sind!

Auch diese Themen sind einer Diskussion wert. Ohne Hader und Streit. Wir wollen uns an einen Tisch setzen und über das Thema sprechen und versuchen, auf einen gemeinsamen Nenner zu kommen. Das wird oft versucht, aber selten erreicht, denn man muss bedenken, dass jeder der Diskutierenden mit einer anderen Sicht an das aufgeworfene Problem herangeht, nämlich mit seiner ureigensten.

Von vornherein ist also nie daran zu denken, eine Einigung zu erzielen. Ziel einer Diskussion kann nur sein, dass sich die Meinungen gegeneinander abschleifen und dadurch der Einzelne ein klareres Bild von dem Besprochenen in sich weiterträgt.

In letzter Zeit sind Diskussionen im großen Stil in Mode gekommen. Es gibt einen Leiter dieses Gesprächs, der *dem* das Wort erteilt und *dem* nimmt und zwischenhinein die ausbrechende Diskussion auf das Thema einfädelt. Bedeutende Menschen sprechen da, mit Rang und Namen. Sie sprechen klar und vernünftig. Sie untermauern mit Jahreszahlen und Wissen und vergessen dann aber immer, dass *das*, was sie zu dem Problem gesagt haben, *ihre* These ist. Sie sagen ernst und mit treuen Augen „so ist es".

Wenn dann bei so einem Abend der zehnte aufgestanden ist – auch alle mit Rang und Namen – und sagt „so ist es", müsste die eigentliche Diskussion erst beginnen. Sie beginnt nicht, denn sie ist beendet.

Selbstherrliche Monologe, klug und gewissenhaft vorgetragen, für denselben so in sich gefestigt, dass kein Platz mehr ist für des anderen Meinung oder These.

Warum diskutiert ihr dann noch – ?

Hilfe – mein Mann ist ein Engel!

Wenn mein Engel vom Geschäft heimkommt, zieht er seine alten Cordhosen an und setzt sich in seinen Stuhl. Dann nimmt er die Zeitung oder ein Buch und beginnt zu lesen. Wenn ich dann das Essen auftrage – mit viel Phantasie und Liebe bemühe ich mich, das immer zu machen – werde ich damit belohnt, dass er keinerlei Hunger hätte, und dass deshalb das ganze Getue nur eine Störung sei, die ihn hindere, das angefangene Kapitel fertig zu lesen.

Wehe aber, wenn ich das Abendbrot nicht parat habe! Dann kommt ein abendfüllender Vortrag über die Unzulänglichkeit alles Weiblichen und entsprechende Anekdoten beweisen, dass frühere Zweisamkeiten viel mehr Gefühl geäußert hätten bei solchen, ähnlichen oder auch bei ganz anderen Begebenheiten. Umumwunden wird mir gesagt, dass meine Qualitäten in den meisten Hinsichten nicht annähernd an die meines Engels heranreichten. Das sehe ich ein, denn ich habe mich noch nie als ein Engel gefühlt und stelle nebenbei fest, dass *ein* Engel in einer Familie vollkommen ausreicht, um ein stetes Spannungsfeld zu geben, was wiederum dem Alltag Farbe und Überraschungen verleiht.

Es ist schon ein rechtes Glück für mich zu wissen, dass ich alles falsch machen muss, weil mein Engel ja nichts falsch machen kann. Aber *einmal* – und das wird wohl erst in den himmlischen Gefilden sein – glaube ich, auch so weit zu kommen, dass in meiner Kennkarte „Engel" steht und dann werde ich, so ich den Meinigen einmal treffe, ihm meine Flügel um die Ohren schlagen, dass er merkt, dass ich ihm nun rangmäßig gleichgestellt bin.

Sicher wird er dann ein empörtes Gesicht zeigen, soweit das „drüben" möglich ist und mir, ohne jede Wiedersehensfreude zu zeigen, sagen, dass ich gegen ihn nur ein kleiner Engel bin, weil er längst Oberengel geworden sei.

Bis dahin ist aber noch Zeit.

Meinen Engel schaue ich voll Bewunderung an und lausche seinen himmlischen Weissagungen und Auslegungen. Wir brauchen weder Theater noch Fernsehen, denn immer dann, wenn wir ausgehen möchten, können wir das gar nicht. Der Engel spricht – und ich habe zu lauschen.

Alles ist vergessen, manchmal sogar die nichtbezahlte Lichtrechnung. Worüber spricht so ein Engel?

Zugegeben, er spricht über alles, denn Engel müssen ja alles wissen. Natürlich sind religiöse Probleme das Spezialgebiet, aber es kann übergeleitet werden von der Jugenderziehung zur derzeitigen Sexpuppe. Manchmal fallen unheilige Worte, besonders was die Titelbilder der Illustrierten betrifft und da wird dann über Maße gesprochen, die ich nie vorweisen kann, weil ich weder ein Engel noch ein Filmstar bin. Aber ich muss zugeben, mein Engel hat Recht und ich habe weder das Format zu einem Himmlischen noch zu einer großmaßigen Showdame.

Manchmal habe ich Mühe, meinen Glauben an Engel zu behalten, dann nämlich, wenn der Flügelschlag meines Mannes so rasant ist, dass er fast menschlich zu spüren ist. Dann meine ich zu glauben, dass das kein Engel, sondern ein ganz normaler Mensch sein muss, mit allen albernen Dingen, die uns gewöhnlichen Sterblichen eben anhaften.

Da irre ich mich aber ständig – ich bin halt noch nicht so weit – denn ein Engel kann sich nicht wehren. Ein Abend mit einer Herde Hippis wird mein Engel so auslegen, dass er da nach dem Rechten schauen musste, und dass er als guter Mensch bzw. Engel einzuwirken habe, damit wir jene Bahnen beschreiten, die himmelsgefällig sind.

Das lasse ich gelten, weil, was ein Engel sagt, immer wahr sein muss.

Man mag mich fragen, warum ich so sicher weiß, dass er ein Engel ist – nun, ich Unwissende kann es nicht genau wissen.

Es gibt aber Wissende – und die haben meinem Mann schriftlich und mit 'Doktor' und Stempel bestätigt, dass er ein Engel ist!

Was soll ich dagegen tun?

Ich kann nur sagen: Hilfe – mein Mann ist ein Engel!

Der Brief

Das Briefebekommen und das Briefeschreiben gehört zu unserem Leben wie das Aufstehen, das Zähneputzen und das Mittagessen, so alltäglich ist das.

Kaum hat man in der Schule gelernt, die Buchstaben so aneinanderzureihen, dass Worte entstehen, so bekommt man schon kleine Briefchen. Von der Tante und der Großmutter mit belehrenden Sätzen und einer Einladung zu Schokolade und Kuchen.

Ein richtiges Kuvert mit einer ganz echten Marke umschließt den Brief. Das ist schon sehr aufregend, wenn darauf ‚Herr' steht und wenn man bedenkt, dass diese Nachricht wirklich für einen selbst bestimmt ist.

Die Beantwortung macht Schwierigkeiten, aber sie wird von der Mutter verlangt und erzwungen und das sagt dem Kind schon in seinen frühen Jahren, dass Geben schwerer ist als Nehmen.

Gerade in der weihnachtlichen Zeit wird dem jungen Schreiberling viel abverlangt. Der Wunschzettel mag noch das Leichteste sein, denn da steckt Sinn dahinter. Warum man aber der Tante Agathe schreiben muss, die in einem Altersheim wohnt und von der man nicht einmal ein Plätzchen zu erwarten hat, kann man nie und nimmer verstehen.

Die ganze Verwandtschaft möchte man in diesen Zeiten nicht haben, denn sie bringt nur Arbeit und mühevolles Suchen nach passenden Worten.

Wenn man dann aber so gewisse Jahre erreicht hat, fasst man die Feder mit einem heimlichen Schaudern an, denn man möchte doch dem Töchterchen des Hausmeisters seine Liebe gestehen.

Den Bücherschrank des Vaters durchsucht man nach lyrischen Gedichtbänden und schreibt die Stellen heraus, die für die Hildegard besonders zu passen scheinen. Hold, blond und von blauen Augen hat darin zu stehen. Da findet sich dann ein rosa Papier und neben den Zeilen des Gedichtes muss mühevoll ein Blumenkranz gemalt werden – mit dem Schulfarbkasten.

Diese Briefe habe ich nie abgeschickt, aber ich habe immer so gefühlt, als ob ich sie in den Briefkasten geworfen hätte.

Der Hildegard, wenn ich sie sah, traute ich mir nicht einmal mehr 'guten Tag' zu sagen.

Ich war voll Scham –

Als ich dann in die Lehre und das freie Leben kam, ist das anders geworden.

Da war ein Lehrmädchen, das mir kleine Zettel einfach in die Tasche steckte – und da sah ich, dass Briefe nicht unbedingt der Post bedürfen. Diese Nachrichten erschreckten mich, denn sie sprachen über Dinge, die ich wohl dachte, aber nie aussprechen und tun wollte.
Sie sprachen sogar von einem Kuss!

Hinter hohen Regalen traf ich die Iri manchmal allein. Sie lachte mich ganz unbekümmert an und streifte meinen Ärmel, doch ich riß mich los und floh!
    Dafür träumte ich dann in der Nacht von ihr und sogar von einem Kuss. –

Mein Vater, der immer besondere Ideen hatte und der mich aus unerklärlichen Gründen als den begabtesten der Kinder ansah, obwohl ich die schlechtesten Noten hatte, brachte mich in besondere Pein.

Sein Wunsch war, dass ich ihm zu Weihnachten nicht die übliche Krawatte schenken solle, sondern einen Brief. Das verstand ich zuerst nicht, aber er erklärte mir in einem abendfüllenden Vortrag, wie sehr ein Brief, also etwas Eigenes, über einer Krawatte steht und wie lächerlich es sei, wenn denkende Menschen sich zum Geburtstag oder zu anderen Festen Unterhosen oder Taschentücher schenken. Der Vater meinte, dass dem einfachen Landmenschen wohl nichts anderes übrig bliebe, als in die Stadt zu fahren, um ein Halstuch für seine Frau zu erstehen, dass es eines Denkenden aber nicht würdig wäre, nur zu tauschen und gänzlich seine inneren Fähigkeiten zu vergessen.

Nun, der Brief für den Vater wurde geschrieben und weil ich das in einem derartigen Zwang tun musste und weil ich auch der Sohn des Vaters war, wurde der Brief nur am Rande ein Weihnachtsbrief. Ich klagte an – und das Ganze wurde so schauerlich, dass ich mich nicht getraute, am heiligen Abend den Brief unter den Christbaum zu legen und es war mir lieber, mit „leeren Händen" da zu stehen.

Mein Vater wußte aber mehr und es war ein Kampf, bis ich den Brief herausgab, um dann vor dem brennenden Baum davonzulaufen und mich in die Kissen zu vergraben.

Dann kam aber der Vater mit einer Milde an mein Bett und war so herzlich, wie ich das nie von ihm gesehen und gefühlt hatte. „Dein Brief," so sagte er, „hat mich wirklich gefreut. Die Schärfe, die ich darin verspürte, ist echt und das Echte ist gut und das wird es immer bleiben. Darum danke ich Dir auch für Dein Geschenk, obwohl ich sonst wenig danken kann, weil wir Menschen so wenig von einem Geschenk verstehen. Komm also aus Deinem Bett und lies, was Du geschrieben hast, damit

Dein Bruder und Deine Schwester das Wesen des Geschenkes verstehen lernen. Wertlos ist alles, was nicht aus dem Inneren geschöpft ist und was auf das Äußere hinzeigt. Ich, Dein Vater, werde Dir und Deinen Geschwistern nicht viel hinterlassen können, aber ich hinterlasse viel, wenn Ihr wißt, dass das Äußere nichts ist!"

Das sagte der Vater an meinem Bett und er gab keine Ruhe, bis ich nicht den Brief vorgelesen hatte unter dem brennenden Christbaum. Die Mutter ist ganz erschreckt dagesessen, weil soviel Offenheit einfach nicht in ihr gütiges Beamtentochtergemüt gepasst hat. Mein Bruder war still und verschlossen, wie er das immer war und meine Schwester hat einmal gelacht und dann wieder die Hände vor das Gesicht gehalten.

Das war die Weihnacht mit dem Brief und ich habe daraus einiges gelernt. Vor allem, dass das Wort mächtiger sein kann als eine Krawatte. –

Die Zeiten vergingen und es war notwendig, Briefe aus fernen Landen zu schreiben, über denen ‚Feldpost' stand. Die einen, die ich erhielt, sprachen vom Durchhalten und die anderen vom Wiedersehen. Auch vom Warten war die Rede – von Küssen und Umarmungen.

Dann war man im Lazarett, zerschossen und gemartert. Auch da kamen Briefe und Päckchen und man sah den Zeilen an, welchen Zweck sie hatten.

Mein Vater war damals in Haft, weil er nicht in die Zeit passte oder weil er der Zeit voraus war. Ich bin gesund – schrieb er, sonst nichts, weil er nicht mehr schreiben durfte, aber ich las immer in den wenigen Buchstaben mehr.

Nur *ein* Brief war dann noch von Wichtigkeit vor dem Kriegsende, der auf die letzten Tage des Lebens meines Vaters hinwies; dann verlöschte auch diese Flamme, die wirklich ein Feuer gewesen war –

Die Briefe blieben weiter meine Lebensbegleitung. Es schrieb ein Anwalt und dann ein Gericht. Ich bekam eine Urkunde, dass ich nicht mehr verheiratet sei.

Ich schrieb auf Annoncen und das war alles wirres Zeug – auch was hernach kam.
Nun bin ich aber wieder seit Jahren verheiratet und da hat meine Jugendzeit einen Niederschlag bekommen.

Zur Weihnachtszeit bereite ich für meine Frau ein Geschenk vor und das kann nur ein Brief sein, weil selbst ein Pelzmantel zu nichtig wäre gegen Zeilen aus Eigengeschafftem und Eigengedachtem. Da soll man die Gesichter der Freunde sehen, wenn man sagt – zur Weihnachtszeit schenke ich meiner Frau einen Brief. Die finden, dass es keinen Brief gäbe, so schön er noch sei, der wertvoller und besser sein könne als ein kostbarer Ring oder eine Waschmaschine. Ich meine aber, dass mein Brief kostbarer ist und das Kostbarste ist, dass meine Frau genauso denkt!

Das ganze Jahr muss in diesem Brief sein, die Tiefen so wie die Höhen. Jede Reise und jedes Unglück muss der Brief beschreiben und das ganze Geschehen darf mit dem Christkindmärchen verwoben sein.

Unter dem brennenden Baum sehe ich dann frohe Augen und ein Arm schlingt sich um meinen Hals –

Es war kein Nerzmantel –
Es war nur ein Brief –

Apropos – „Abhanden gekommen"

Der bekannte Tiermaler Henri von Drattzaun – als er noch nicht die großen Elefantenbilder geschaffen, sondern erst in den Anfängen seiner Kunst stehend (was jedoch für das Folgende ohne Belang ist) Kleintiere malte – hatte bei einem Spaziergang seinen Hund verloren. Er ging zum städtischen Fundbüro und meldete, dass ihm sein Pudel abhanden gekommen sei. Man verwies ihn an das städtische Hundefängeramt. Der städtische Hundefänger war damals ein Beamter namens Hubert Tiftling. Dieser zuckte leicht zusammen, als er vernahm, dass ein Pudelhund abhanden gekommen sei. Er setzte einen Zwicker auf, nahm ein Formular aus einem Kasten, ergriff einen Bleistift und –

„Welche Art von Hund – ach so, ja, ein Pudel, das haben Sie bereits gesagt – ein Zwergpudel, soso – Name? – Mohrchen, soso. – Wann ist Ihnen der Pudelhund Mohrchen abhanden gekommen? – Um vier Uhr nachmittags? – Ja, allerdings muss ich das alles ganz genau wissen! Wo ist Ihnen der Hund abhanden gekommen? – Im Hofgarten, soso. Führten Sie den Hund an der Leine, als er Ihnen abhanden kam? Nein? Trugen Sie den Hund auf dem Arm, als er Ihnen abhanden kam? Nein? Hielten Sie den Hund am Nackenfell fest? Auch nicht? – Wie meinen Sie? Der Hund wäre Ihnen nicht abhanden gekommen, wenn Sie ihn am Nackenfell gehalten hätten? Sie irren, mein Herr, Sie irren! Gerade dann, gerade dann wäre er Ihnen nicht abhanden gekommen! Aber eins nach dem anderen, mein Herr, eins nach dem anderen. Wenn Sie den Hund nicht an der Leine geführt haben, wenn Sie ihn nicht am Nackenfell hielten, wenn Sie ihn nicht auf dem Arm trugen, dann *kann* Ihnen der Hund gar nicht abhanden gekommen sein! – Bereits gefunden? Oh, nein, Ihr Hund ist noch nicht gefunden, aber nach allem, was Sie mir erzählt, beziehungsweise nach allem, was Sie verneint haben, ist der Hund nicht abhanden gekommen. – Bitte? – Natürlich ist er weg, fort, perdu, das glaube ich

Ihnen gern, aber er ist Ihnen nicht „abhanden" gekommen. Geben sie mal acht: Ein Federhalter, der Ihnen während des Schreibens entgleitet, unter den Tisch fällt und unauffindbar bleibt, eine Aktenmappe, die Sie im Gedränge verlieren, ein Ring, der Ihnen beim Waschen von dem seifenglatten Finger rutscht, das sind Dinge, die Ihnen ab – oder wenn Sie ein Klavier fünf Treppen hinaufgetragen haben und Sie merken auf dem obersten Treppenabsatz, dass das Klavier nicht mehr da ist, dann ist Ihnen das Klavier oder der Federhalter abhan – bitte? Wozu Sie einen Federhalter fünf Treppen hinauftragen sollen? Ein Klavier sollen Sie hinauftragen, das heißt, Sie sollen es durchaus nicht, es sind ja alles nur Beispiele für Dinge, die abhanden kommen können! Alle die genannten Dinge können Ihnen abhanden kommen, aber ein Hund, der frei im Botanischen Garten – bitte? – also gut im Hofgarten, der frei im Hofgarten herumläuft, der kann Ihnen nicht abhanden kommen. Er kann verloren gehen, er kann flüchtig gegangen sein oder abgängig geworden sein, er kann auf und davon sein, Sie sind des Hundes verlustig gegangen, weil derselbe in Verlust geraten ist. – Sie wollten doch eine Verlustanzeige erstatten und keine Abhandengekommensanzeige, nicht wahr? Nein, mit ‚abhanden gekommen' dürfen Sie mir nicht kommen! Erstens kann Ihnen nur etwas, das Sie in Händen haben, bzw. hatten, nachdem es Ihnen abhanden – althochdeutsch ‚abehanten' = von den Händen – gekommen ist, abhanden kommen; zweitens ist, „abhanden *kommen*" auch falsch, denn das Abhandene ist ja nicht gekommen, sondern *gegangen*; wenn das Abhandene *gekommen* wäre, dann hätten Sie es ja wieder zurückerhalten, vielleicht in der Art eines Bumerangs, oder was weiß ich; drittens müssen Sie zwei Mark Strafe zahlen, weil Sie einen Hund im Hofgarten haben frei herumlaufen lassen, was nach den Vorschriften verboten ist!"

Ob der Tiermaler, Henti von Drattzaun, damals seinen Hund wieder erhalten hat, ist übrigens nicht bekannt.

Die ältere Cousine

Die Damen in jener Kleinstadt, wo ich meine Kindheitstage verbrachte, benutzten Flieder- und Veilchenparfüm, die Blonden Flieder und die Dunkleren Veilchen.

Wieso und warum, weiß ich nicht. Es schien ein ungeschriebenes Gesetz zu sein.

Eines Tages tauchte eine um zwanzig Jahre ältere Cousine bei uns auf. Sie setzte mich auf ihren Schoß und versicherte meinem Vater, wenn ich zwanzig Jahre älter wäre, würde sie mich auf der Stelle heiraten. Die Cousine roch nach – Rosen. Sie war wunderschön und ich fühlte mich sehr geehrt durch ihren Heiratsantrag.

Als ich zwanzig Jahre älter war, erfuhr ich, dass sie ihren Mann mit kleingehackten Violinbogenhaaren auf eine ganz gemeine heimtückische Art umgebracht hatte.

Ihr Rechtsanwalt aber bewies durch vier Gutachten namhafter Gelehrter, dass der Tod des Gatten meiner Cousine durch dessen krankhafte Sucht, an seinen Nägeln zu kauen, erfolgt sei. Meine Cousine wurde mangels Beweisen freigesprochen.

Ich sah sie zufällig ein Jahr nach der Gerichtsverhandlung an der Seite eines alten Herrn in der Wiener Hofreitschule, interessiert die Schweife der Lippizaner betrachtend.

Gott sei Dank erkannte sie mich nicht!

Ich dankte dem lieben Gott, dass ich seinerzeit nicht zwanzig Jahre älter gewesen war.

Aber der alte Herr tat mir schon jetzt leid. Er hatte übrigens bemerkenswert manikürte Nägel.

Vielleicht ist das seine Rettung, resp. ihre Rettung!

Die ungemein dicke Frau

Ich glaube, es war im Jahre 1922, da unterhielt ich mich mit einer ungemein dicken Frau auf einer Bank im Englischen Garten, dem großen Grünplan von München, der Lunge des Millionendorfes.

Es war im Herbst und die Blätter färbten sich schon.

Beiläufig gesagt, eine Peter-Altenberg-Stimmung.

Peter Altenberg hat den Englischen Garten wundervoll beschrieben, den Frühling und den Herbst in diesem Park.

Und zwar fast mit denselben Worten – und doch ganz anders. Das sagte ich der dicken Frau. Die lächelte mich ganz sonderbar an und ich dachte schon, dieser dicken Frau müsse ich erst einmal erklären, wer Peter Altenberg war. Da sagte die dicke Frau – und dabei wurde sie eine vollschlanke Dame: „Ich habe ihn immer Ricardo genannt. Er hieß ja gar nicht Peter Altenberg, sondern Richard Engländer."

Deswegen, und nur dessenthalben ging der alte Schlawiner, wenn er in München war, stets zuerst in den Englischen Garten. Er musste zu allem, war er bedichtete, auf irgendeine Weise eine innere Beziehung haben, selbst wenn es äußere Gründe waren. Und deshalb war er „wahrhaft ein Dichter".

Und dann kramte sie in ihrer abgegriffenen Handtasche und holte ein Foto heraus, das Bild eines überaus hübschen Mädchens, gertenschlank in einem Balletteusenröckchen.

„Das war ich, 1911. Ich war 14 Tage seine Geliebte. Er schenkte mir einen seiner Kneifer zum Abschied. Drei Gedichte hat er auf mich geschrieben. Ja, er schenkte mir seinen Kneifer. Damit könnte man in die Zukunft sehen, sagte er damals. Ich habe den Kneifer leider nicht dabei, junger Mann, aber manchmal beschaue ich mich durch die Gläser im Spiegel."

Dann stand sie auf, klopfte mir derb auf die Schulter, ging den Weg am Eisbach entlang, drehte sich um, setzte kurz vor der Biegung, wo sich der Eisbach nach links verzieht, den

Kneifer auf (den sie also doch dabei gehabt hatte) und machte zwei Sprünge im formvollendeten Spreizspagat.

Eine Spottdrossel, die im Gebüsch ihren Ruf anfing, habe ich mit einem Steinwurf verscheucht.

Erst viel später erfuhr ich von dem Naturforscher Pearson, dass man den Gesang der Spottdrosseln in stillen Nächten für Sphärenklänge halten könnte.

Der Ehrenzweikampf oder das Duell

In Deutschland ist das Duell verboten. In Frankreich ist es an der Tagesordnung. Politiker, Börsianer – nein Börsianer nicht, die kämpfen mit anderen Mitteln – aber Künstler, Maler, Dichter duellieren sich bei der geringsten Verletzung ihrer Ehre. Und vor allem die empfindlichsten unter den Künstlern, die nachschaffenden.

Zwei französische Schauspieler, deren einer die Erstausgabe von Charlie Chaplin hatte, standen sich fröstelnd mit nackten Oberkörpern an einem kühlen Maitag des Jahres 1891 morgens kurz vor 5 Uhr mit dem Florett in der Hand gegenüber.

Im Bois de Boulogne zwitscherten die ersten Vögel, im Hintergrund zwischen den Bäumen standen die beiden schwarzen Kutschen, etwas näher standen die vier Sekundanten, zwei rechts, zwei links, in der Mitte der Arzt mit dem Pflasterkasten, allesamt hatten sie Zylinderhüte auf den Köpfen und harrten der Dinge.

Von einem nahen Kirchturm schallten 5 Schläge.

Es hätte losgehen können. Es musste losgehen. Um spätestens 5 Minuten nach fünf musste einer der beiden Kontrahenten tot am Boden liegen oder zumindest kampfunfähig sein.

Da sagte der Dünne zu dem Dicken: „Lieber Kollege, ich bin zweifelsohne ihnen gegenüber im Vorteil. Ich empfinde direkt Gewissensbisse, mit ihnen zu fechten.

„Wieso?" schnaubte der Dicke.

„Sie bieten mir eine ungeheure Angriffsfläche, während ich Ihnen sozusagen nichts zu bieten habe. Ich bitte Sie, das auszugleichen zu dürfen." Und mit einem erlaubnisheischenden Blick auf die erstaunten Sekundanten holte er ein Stück bunter Kreide aus der Hosentasche und zeichnete auf den nackten Bauch seines Gegners rund um den Nabel einen roten Kreis. „Sehen sie, mein Lieber, alle Stiche, die ich Ihnen außerhalb dieses Kreises versetze, sollen nicht gelten."

Um es kurz zu machen: Das Duell fand nicht statt. Sieben sehr angeheiterte Herren, der Dicke, der Dünne, die vier Sekundanten, der Arzt, sieben Herren mit Zylinderhüten fuhren nach einem ausgedehnten Sektfrühstück singend in zwei Droschken über den Boulevard Hausmann.

Spielende Kinder fanden im Bois zwei vergessene Florette, brachten sie zu einem Althändler und kauften sich für den Erlös viel Eis.

Tragik

Bajazzo hatte sein Lied gesungen. Er war gewohnt, dass die Leute, wenn er die Bravourterz hinausgeschmettert und seine Abschiedsverbeugung gekrümmt hatte, applaudierten und – lachten.

Aber diesmal lachten die Leute nicht. Sie blieben still und ergriffen. Es war in ihnen eine Ahnung aufgestiegen von dem Zwitterwesen Humor – Tragik.

Bajazzo war sprachlos, dass der Applaus ausblieb. Und dann dämmerte auch ihm eine Ahnung ... Eine ungeheure Hochachtung vor dem ungewohnten Publikum zwang ihn zum Ausdruck.

Er griff nach dem unbedeckten Kopf, um den Hut zu ziehen.

Als er aber mit leerer Hand und ratlos dastand, lachte das Publikum und applaudierte.

Bekanntschaft mit einem Baum

Sie haben im Frühjahr eine Ruine abgerissen. Als die letzte Mauer von dem Bagger gefressen wurde, bekam man freie Sicht über eine niedrige Hofmauer in ein Gärtchen.

Und da habe ich seine Bekanntschaft gemacht.

Ich hätte nicht geahnt, dass hinter den Ruinen in einem so kleinen Garten ein so großer Baum stehen könnte.

Es gibt Dinge, die einem gleichsam ihren Namen aufdrängen. Ich habe einmal eine Kommode oder vielmehr eine Kleidertruhe gekannt, die schrie einem förmlich ins Gesicht: „Mein Name ist Korbinian!" Und einen Füllfederhalter besaß ich, der hieß Pizzikato. Er konnte gar nicht anders heißen; und er benahm sich auch so. Deswegen schenkte ich ihn einem Bekannten, der ein bedeutender Klecksograph ist. Der Kastanienbaum sah nicht so aus, als wolle er seinen Namen (wenn er einen hatte) verraten.

Und deshalb habe ich es unterlassen, ihm von mir aus einen Namen zu geben. Nicht nur deshalb. Sie bauen bereits wieder (in dem Gärtchen liegen schon Ziegelsteine) und es könnte sein, dass sie den Kastanienbaum fällen müssen. Und falls dies geschähe, würde es dir doppelt leid tun, wenn er mit einem Namen fallen würde. So kann ich sagen: sie haben einen Baum gefällt – einen Baum.

Es ist Herbst nun. Und sie haben dich nicht gefällt. Im Winter werden sie nicht mehr bauen. Du bleibst also noch.

Ich habe dich gesehen, als du mit erstem lichtzartem Grün überhaucht warst, ich habe dich in der Pracht deiner weißen Blütenkerzen bewundert; Schmetterlinge umschmeichelten dich. Ich sah deine Fächerblätter im Sommerwind wiegen, wie zu einer unhörbaren Melodie. Und nun sehe ich dich rostig verfärbt, im Oktoberregen, griesgrämig, mit vielen kahlen Stellen in deinem vermorschten Blätterkleid. Oben in deinem Wipfel schauen schon die nackten Zweige heraus. Wie gut, dass ich dir keinen Namen gegeben habe!

Du siehst aus wie mein Freund, der alte Musiker mit dem brandigroten und wie mit Asche bestreuten Haarschopf. Mein Freund ist sein ganzes Leben Kaffeehauspianist gewesen, und er träumt immer noch davon, einmal aus Kaffeehäusern in Konzertsäle überzusiedeln – wenn er sein großes Klavierkonzert mit Orchester geschrieben haben wird. „Am Flügel der Komponist."

Er sitzt Tag für Tag, Abend für Abend verdrossen vor dem Klavier in einem rauchigen Kaffeehaus und begleitet den Geiger und den Cellisten. Er wird es nie schreiben, nicht mehr, da immer mehr Asche in sein rotes Haar fällt. Der Geiger, der zugleich Unternehmer ist, denkt daran, seine Kapelle zu vergrößern, ein Jazzorchester zu gründen. Und dazu kann er keinen Pianisten brauchen, der von Klavierkonzerten träumt und sich einen Namen machen will.

Wie gut, mein Kastanienbaum, dass ich dir keinen Namen gegeben habe, als ich dich zum ersten Male sah. Fast möchte ich, dass sie doch noch zu bauen anfangen, jetzt im späten Herbst – und dass sie dich fällen.

Ja, das möchte ich fast. Aus Angst, dass sie dich fällen könnten, wenn du wieder deinen Kerzenschmuck trägst und Schmetterlinge dir schmeicheln.

Zeitsparende Erfindungen

Das ist ein Unfug jetzt mit diesen sogenannten „zeitsparenden" Erfindungen, mit diesen Gebrauchsgegenständen des täglichen Lebens – ein Handgriff und schon – diesen Stockgriffen, die auch als Zigarettenetui zu verwenden sind, diesen Tabakspfeifen, mit denen man zugleich Fieber messen kann, diesen Briefmarkenanfeuchtern, die man, wenn man gerade keine Briefmarken anzufeuchten hat, als Sockenhalter tragen kann!

Das ist schon ein ganz verdammter Unfug mit diesen Nichtfischnichtfleischerfindungen, diesen zeitsparenden Gebrauchsgegenständen!

Ich habe so einen briefmarkenanfeuchtenden Sockenhalter gekauft. Nicht weil ich ihn tragen wollte, sondern weil ich ihn in Mc'Pies schenken wollte. Die sind ganz versessen auf solche Erfindungen. Man weiß, dass das Haus von Douglas Fairbanks und Mary Pickford in Hollywood, das Haus Pickfair (auch so eine zeitsparende Erfindung, dies Wort; mit diesen zusammengezogenen Wörtern kam der Unfug in die Welt) voll von solchem technischen Schabernack ist.

Der alte Mc'Pie hat den törichten Ehrgeiz, es mit der technischen Ausstattung und Vereinfachung seines Heims dem Haus Pickfair nicht nur gleichzutun, sondern das Haus Pickfair bei weitem zu übertreffen. Sein höchster Traum ist, Douglas Fairbanks eines Tages einzuladen und zu erleben, dass Douglas Fairbanks glatt auf den Rücken fällt vor Staunen.

Wenn man bei Mc'Pies die Haustür aufmacht, so fallen zwei eiserne Haken aus der Wand und reißen einem den Überzieher vom Leibe. Wer den Trick noch nicht kennt, bekommt einen tödlichen Schreck und von sieben bei zehnmal wird einem der Kragen samt Schlips ebenfalls ausgerissen. Der Schirmständer ist eine Kombination aus Gläserspülmaschine (wozu? wozu? fragt man sich, wenn man es sieht) und Bienenkorb. Mit lebenden Bienen drin. In den Flügel von Mc'Pies, der selbstverständlich elektrisch betrieben werden kann, ist eine Addiermaschine eingebaut, so dass man am Schluß einer Piece von Chopin oder Beethoven genau feststellen kann, wieviel Töne das betreffende Stück hat, ohne erst mit einem Bleistift alle Noten nachzählen zu müssen. Die Mc'Pies wetten nämlich immer. Manches ist ja ganz praktisch bei Mc'Pies.

Mit meinem Briefmarkenanfeuchter habe ich keine gute Figur gemacht. Ich wollte Mrs. Mc'Pie damit überraschen. Aber es entstand eine peinliche Stille als ich mich anbot Mrs. Mc'Pies Briefmarken zu befeuchten und dabei in meine Hosenbeine griff.

Es ist aber nicht deswegen, weshalb ich nicht mehr zu Mc'Pies gehen kann. Das hat einen anderen Grund. Die Sache war so: ich mußte mal wohin. Dort funktionierte das elektrische Licht nicht. Ich drehte an dem Schalter. Kein Licht flammte auf. Nun, sagte ich mir, die Mc'Pies brauchen für ihre technischen Kinkerlitzchen so viel Strom, dass sie irgendwo sparen müssen. So gut es ging, fand ich mich im Dunkeln zurecht.

Einen Tag später habe ich dann erfahren, dass der gewisse Ort bei Mc'Pies durch einen elektrischen Schalter in eine mit Luftdruck betriebene Teppichklopfmaschine umgewandelt werden kann. Dieses habe ich erfahren, weil Mc'Pies nämlich am betreffenden Tage, wo ich es erfuhr, ihren Teppichklopfer benutzt haben.

Mc'Pies haben wiederum erfahren, dass ich ihren Teppichklopfer benutzt habe. Und deswegen kann ich nicht mehr zu Mc'Pies gehen. Aber soweit ich den alten Mc'Pie kenne, wird er mir die Rechnung für den Teppich schicken.

Geschichten von Herrn Jemand[1]

I.

An einem Abend stritt sich Herr Jemand mit dem Polizisten seiner Kleinstadt darüber, ob die Sonne vor oder hinter der Stadt unterginge. Man muss zugeben, dass es ein seltsamer Polizist war.

Derweilen ging die Sonne stolz und majestätisch einfach unter.

In Wirklichkeit natürlich drehte sich die Erde um die Sonne herum. Wenigstens bis zum nächsten Galilei.

Herr Jemand und der Polizist kamen zu keiner Einigung. Der Polizist fühlte durch das respektlose Vorgehen der Sonne – er war dem besprochenen Problem an diesem Abend zum ersten Male nähergetreten – seine polizeiliche Machtstellung bedroht. Herr Jemand ging sinnend nach Hause. Ganz spät in der Nacht zwischen zwei Atemzügen fiel ihm ein, dass er sich zum Beweise seiner Behauptung, die Sonne ginge hinter der Stadt unter, einfach hätte herumzudrehen brauchen. „So bin ich," schloss er traumtief, „die Umdrehung in der Umdrehung, also, wenn ich will, der Angelpunkt der Welt."

II.

In einer späten Sommernacht fror Herr Jemand an den Beinen. Davon wachte er auf. Weil er weder auf der rechten noch auf der linken Seite wieder einschlafen konnte, beschloss er, seinen Enkeln, die im Nebenzimmer schliefen, die Geschichte von der Vertreibung Adams aus dem Paradiese zu erzählen. Also setzte er sich auf den Bettrand seines jüngsten Enkels und hub an:

„Hört einmal die Geschichte von der Vertreibung Adams aus dem Parajenes!"

„Paradieses", verbesserten ihn seine Enkel.

„Habe ich Parajenes gesagt?", fragte Herr Jemand, über sich selbst verwundert.

Dann begab er sich kopfschüttelnd wieder zu Bett, ohne seinen Enkeln die Geschichte erzählt zu haben.

Als ihm die ganze Bedeutung seines Versprechens aufgegangen war, fror er auch auf dem Rücken.

Und er nahm sich vor, nie wieder in der Nacht Geschichten zu erzählen, zumal, wenn er auf einer Traumreise noch nicht wieder zurückgekommen war.

Um sich nicht als Großvater seinen Enkeln gegenüber des Unmutes seiner Überzeugung zeihen zu müssen.

III.

Der Herr Jemand ging abends spät durch die grünen Straßen, erläuterte mit seinem Spazierstock die nächtliche Stille und dachte an nichts, d.h., er dachte verschwommen.

Plötzlich hatte er eine Geruchsvision.

Er hatte noch nie eine Geruchsvision gehabt und wusste daher nicht, wie er sich verhalten sollte, d.h., er wusste nicht, ob er sich die Geruchsvision durch die Nase oder durch die Augen vermitteln sollte.

Da die Geruchsvision sich nicht in Anspruch genommen sah, verschwand sie unbenutzt.

IV.

Auch diese Geschichte ist Herrn Jemand nicht passiert, sondern diese Geschichte passierte Herr Jemand oder ganz genau: diese Geschichte passivierte Herrn Jemand.

Eines Morgens begegnete Herr Jemand einem Bekannten, der bedauerlicherweise blind war. Die beiden gingen ein Stück des Weges zusammen und als sie sich verabschiedeten, sagte Herr Jemand (als Maß aller Dinge): „Auf Wiedersehen."

An der nächsten Straßenecke fiel ihm ein, dass er mit seiner Verabschiedung einen Fehler gemacht hatte. Wieder umzukehren und sich unter irgend einem Vorwand von neuem zu verabschieden, hielt Herr Jemand nicht für angängig, da die Unmittelbarkeit dieser Wiedergutmachung den Blinden erst recht verletzt haben würde.

„Nur eine gewisse Distanz, entweder durch Raum oder Zeit" so überlegte er, „konnte die Ungeschicklichkeit seiner Verabschiedung verwischen."

Da er Einstein nicht kannte, entschloss er sich für die Distanzierung durch Raum und Zeit, ging nach Hause und verfasste einen Entschuldigungsbrief, den er in den letzten Briefkasten warf und zwar ohne Porto.

Die mögliche Verweigerung der Annahme durch den Blinden wäre für Herrn Jemand die vollkommenste Lösung der peinlichen Angelegenheit gewesen.

V.

Herr Jemand hörte zum ersten Male in seinem Leben von der „schöpferischen Pause".

Da er immerhin bloß der Herr Jemand war, wirkte die Mitteilung in ihm solchermaßen nach, dass er erst nach geraumer Zeit zu dem Resultat gelangte, der liebe Gott habe die Welt nicht in sechs Tagen, sondern in sechs Nächten erschaffen.

Als er diese Folgerung seinen Freunden, die immerhin bloß Freunde von Herrn Jemand waren, und noch nichts von „schöpferischer Pause" gehört hatten, mitteilte, und diese Zweifel verlautbarten, führte er als Argument die Blindschleiche an.

Herr Jemand überlegte sehr sorgfältig.

Womit Herr Jemand kundtat, dass er die „schöpferische Pause" nicht kapiert hatte, oder seinem Gewährsmann über die „schöpferische Pause" ein nicht gerade hervorragendes Zeugnis hinsichtlich dessen pädagogischer Fähigkeiten ausstellte.

VI.

Herr Jemand hatte einen Witz gemacht. Der Witz war so ungeheuerlich, dass niemand darüber zu lachen wagte. Jeder suchte peinlich in Gegenübers Mienen nach einem kleinen Muskelzug, ob Augen sich fältelten ... Ängstlich sehnte man sich nach Fräulein Plunders Meckern, das seiner Misstönigkeit wegen sonst gefürchtet war, herbei.

Nichts trat ein. Der Witz, der so ungeheuerlich war, dass niemand darüber zu lachen wagte, rannte sich an der Stille den Schädel ein.

Herr Jemand erfasste die Lage blitzschnell und stellte sich und die Andern auf Mitleid um. Ehrlicher ist noch nie gelacht worden.

VII.

Herr Jemand machte die für die kleine Stadt neue Mode mit und trug keinen Hut.

Vier Bekannte, denen er durch ein Neigen des Kopfes einbezüglich des obersten Oberkörper seine Wünsche hinbetrefft des Tagesverlaufes zum Ausdruck brachte, grüßten nicht wieder.

Drohliche Fragen tauchten vor Herrn Jemand auf. War er nicht gerade so gut berechtigt, eine neue Mode mitzumachen, wie jeder Andere? Hatte man ihn nicht gesehen, schnitt man ihn?

Der fünfte Bekannte ging an Betroffenem vorüber, als ob Betroffener Luft wäre. Der Betroffene – Herr Jemand – pflegt ansonsten einen Kalabreser zu behaupten.

Es wurde ihm eine bittere Klärung, dass er nur aus einem Kalabreser bestanden hatte.

Sich zum Trost, den andern (wie er hoffte und demzufolge glaubte) zum Ärger, sagte er sich während seines masochistischen Spießrutenganges durch die Stadt zweihundertzehnmal den schönen Satz vor:
  „Ich bin ein ungewohntes Straßenbild!"

VIII.

Herr Jemand überlegte sehr sorgfältig:

1. er ist mein Freund,
2. sein Drama ist schlecht,
3. seine Feinde werden sich ein Hauptspektakel daraus machen, sein Drama heute Abend auszupfeifen,
4. ich bin sein Freund,
5. als wahrer Freund habe ich die Pflicht, sein schlechtes Drama nicht zu loben,
6. wenn ich es tadele, glaubt er nicht an meine wahre Freundschaft.

So überlegt Herr Jemand sehr sorgfältig.

Abends sah man Herrn Jemand, als der Vorhang sich senkte, eine trauerumflorte D-Fuß-Flöte aus der Brusttasche ziehen und hörte, als die Feinde des Autors ihre Hausschlüssel gellen ließen, Herrn Jemand auf seiner trauerumflorten Flöte eine sanfte Arie blasen.

Die hinteren Wörter des Herrn Polycarpus[1]

In meiner Quintanerzeit, vor gut und gern 50 Jahren, kannte ich einen Mann, der mir die größte Hochachtung abnötigte. Wir Quintaner aus der damaligen Zeit bewunderten weniger die Größen, die ihren Gegner in der zweiten Runde ausknockten oder jene Männer, die zunächst vereint auf den Nanga Parbat marschierten und sich hintereinander getrennt schlugen, sondern wir bewunderten mehr die Geistesheroen. Und zu diesen Geistesheroen zählte ich damals den Mann, der mir seinerzeit die höchste Hochachtung abnötigte. Herr Polycarpus (war sein Name) war von erlerntem und ausgeübtem Beruf Schreibmaschinenhändler. Das ist gewiss kein Grund zur Bewunderung – nein, aber Herr Polycarpus konnte dichten, richtig dichten! Sein erlernter und ausgeübter Beruf kam ihm für sein Dichtertum sehr zustatten. Er konnte alles, was andere zum Dichten brauchten, zum Selbstkostenpreis aus seinem Laden entnehmen: Bleistifte, Radiergummi, Federhalter, Stahlfedern, Tinte und Papier.

Einmal, es war kurz nach Ladenschluss, kam ich in sein Geschäft und wollte noch schnell ein Schulheft kaufen, weil mir erst am späten Abend eingefallen war, dass wir morgen eine Klassenarbeit schreiben mussten und mein altes Schulheft vollgeschrieben war. Herr Polycarpus stand an seinem Stehpult, starrte, ungeachtet Auergasglühlicht, dessen man sich um die Jahrhundertwende, anstatt der gerade abgeschafften Petroleumlampen bediente, und kaute an seinem Federhalter. Offensichtlich dichtete er.

Herr Polycarpus fuhr aus seinem Trancezustand auf und starrte mich an. „Was suchst du hier, Bube – Stube – Grube – Tube – nein doch Stube! Was suchst du Bube hier in meiner Stube?"

„Ich wollte ... ich sollte ..." stotterte ich. „Reimt sich!", brüllte

Herr Polycarpus und fing an, in seinem dünnen Büchlein zu blättern, „weiter, – weiter!"

Weil mir um alles in der Welt kein Reim einfiel, sagte ich schlicht in Prosa, ich müsse unbedingt ein Schulheft haben, weil wir morgen eine Klassenarbeit zu schreiben hätten und ich ... „Ich muss auch eine Klassenarbeit schreiben, eine klassische Klassenarbeit, mein Sohn! Was störst du mich um solcher Lappalie – Dahlie – Amalie ... nein, sie heißt nicht Amalie, sondern Elise!" Er schmiss seinen zerkauten Federhalter auf das Stehpult, schmetterte das Büchlein daneben und begab sich widerwillig an das Regal, wo die Schulhefte lagen. Er gab mir das Heft, ich legte 8 Pfennige auf den Ladentisch, Herr Polycarpus strich die Münze mit der Handkante ab, als wische er eine tote Fliege beiseite. Dann langte er in das Regal und zog ein zweites Schulheft hervor. „Das kriegst du zu. Weißt du, warum?"

Ich schüttelte den Kopf. „Weil was in dir steckt! Du hast Talent! Du hast eben gesagt: ,Ich sollte – ich wollte – !' Das reimt sich! Du hast Talent zu einem Dichter. Und deswegen will ich dir mal was sagen: Ich war eben am Dichten, als du kamst. Und da darf man keinen bei stören. Auch nicht, wenn man Schulhefte braucht. Merke dir das für später, wenn du mal richtig dichtest, verstanden?"

Ich nickte.

„Ich muss", fuhr Herr Polycarpus fort, „bis morgen früh für Frau Bisping im Auftrag von Herrn Bisping, weißt ja, der Kohlenhändler aus der Salzstraße, ein Gedicht für ihren Namenstag fertig haben."

Ich nickte eifrig; die Augenbrauen des Herrn Polycarpus hatten sich fast unter seinen Schnurrbart verzogen, und das sah noch unheimlicher aus, als wenn er seine Augenbrauen oben unter dem Haaransatz hatte. Ich wusste, dass Herr Polycarpus nur dann dichtete, wenn er einen Auftrag bekam. Er dichtete für alle festlichen Gelegenheiten des Lebens, Festgedichte für Verlobungen, für Geburts- und Namenstagsfeiern, für Entlobungen und Hochzeiten, für Scheidungen (die in meiner kleinen westfälischen Vaterstadt und zu der damaligen Zeit allerdings weniger vorkamen und doppelt honoriert werden mussten). Herr Polycarpus dichtete auch Grabreden und Taufsprüche. Und alles reimte sich hinten.

„Pass mal auf, mein Sohn, was ich schon fertig habe", sagte er, hielt ein beschriebenes Blatt unter das Gaslicht und räusperte sich. Dann aber ließ er das Blatt wieder sinken und sagte: „Frau Bisping heißt mit Vornamen Elise. Morgen ist nämlich der Namenstag der heiligen Elisabeth. Auf Elisabeth stehen eine ganze Menge Reime im Steputat drin (dabei hob er das kleine Büchlein hoch), nicht aber auf Elise. Die musste ich alle selber finden! Also pass mal auf, was ich bereits fertig habe!" Und er begann mit feierlicher Stimme: „Wenn ich zu Deinem heut'gem Namenstag, Elise, Dir nahe mit dem Blumenstrauß, so ist derselbe nicht von einer Wiese – ich kaufte ihn beim Blumenhändler Krauß. Mein Herz und zweimarkfünfzig sind in diesem Strauß verborgen; o mögest Du im nächsten Jahr mir wieder treu sein, und leben, frisch und froh und ohne Sorgen, und tü – tata – und immer neu sein!"

Er ließ das Blatt sinken. „Das „Tü – tata", das hatte ich noch nicht. Da kamst du gerade mit deinem dämlichen Schulheft. Und die dritte Strophe habe ich auch noch nicht. Es müssen drei sein, sonst wirkt das nicht. Es ist noch lange nicht fertig, das Gedicht. Wenn du einmal ein Dichter werden willst, dann merk dir das, mein Sohn: Für Gedichte musst du vorher Studien machen. Du musst wissen, wer der Schenker ist, wer der oder die Beschenkte ist und wie sie heißt, du musst wissen, was das Geschenk gekostet hat, du musst die Kosten mit Gefühlen verbinden, mit Herzensgefühlen!"

„Das muss sehr schwer sein", wagte ich zu bemerken.

„Und ob das schwer ist!", sagte Herr Polycarpus. „Ich kann dir nur eines sagen: der Dichter trägt die unsichtbare Dornenkrone auf dem Haupt, die Dornenkrone des Künstlers. Wir vermitteln – wir Künstler – das höhere Dasein, wir erheben den Alltag aus seinem Grau in die Goldfarbe des ... des ..."
„Des Abendsonnenscheins" ergänzte ich. Woher ich den Mut hatte, diesen bedeutenden Mann zu ergänzen, weiß ich nicht. Das mit der „Goldfarbe des Abendsonnenscheins" hatte ich irgendwo gelesen, und es war mir ganz spontan eingefallen.

Herr Polycarpus beugte sich vor und legte mir seine behaarte Pranke auf die Schulter. In seinem Auge glänzte eine Träne. Auch mir wurde rührsam. Es war wie eine Feierstunde, wie eine Einweihung. Nachdem Herr Polycarpus die Träne unauffällig weggewischt hatte, fuhr er fort: „Nun werde ich dir das Geheimnis verraten, das ich noch keinem Menschen mitgeteilt habe. Hör gut zu: Ich schreibe zuerst die Reime auf. Die wichtigsten. Hier zum Beispiel ‚Elise', die Beschenkte. Dann gucke ich im ‚Steputat' nach, was sich auf Elise reimt – steht nichts drin – muss ich also selber finden – erkiese – Riese – diese – Wiese – ! Was bleibt für einen Blumenstrauß – das Geschenk? Natürlich die Wiese! Und so geht das weiter. Aber es gehört auch Stimmung dazu, ein Gedicht zu machen. Du musst, bevor du zu dichten anfängst, immer ein paar Gedichte von anderen Dichtern lesen. Ich lese Gustav Falke. Wenn ich so sechs oder sieben Stück Gedichte von Gustav Falke gelesen habe, dann könnte ich die ganze Nacht ein Gedicht nach dem anderen machen!" Herr Polycarpus hielt mir bei diesen Worten eine Gedichtsammlung von Gustav Falke unter die Nase. Ich hasste Gustav Falke, weil wir Gedichte von ihm auswendig lernen mussten. Aber in diesem Augenblick erschien mir Gustav Falke in einem ganz neuen, einem wundersamen Licht. Nichtsdestoweniger interessierte mich dieser ‚Steputat' (wie ihn Herr Polycarpus genannt hatte) weit mehr. „Ob ich das Bändchen wohl mal haben dürfte" „Nein", sagte Herr Polycarpus, „nein, das ist Ton in Töpfers Hand! Und du bist noch kein Töpfer...!"

Am nächsten Tag hatte ich nichts Eiligeres zu tun, als mich in einer Buchhandlung zu erkundigen, ob man einen „Steputat" käuflich erwerben könne, und was er koste. Ich erfuhr, dass der „Steputat" ein Reimlexikon sei, bei Reclam erschienen, und zwanzig Pfennig koste. Zwanzig Pfennig erschienen mir nicht zu teuer für die Ausbildung zum Lyriker.

Nachmittags, als mein Vater kam, um nach dem Fortgang meiner Schularbeiten zu schauen, entdeckte er mich beim Studium des „Steputat". Was das sei? Ich erklärte es ihm. Mein Vater nahm mir den „Steputat" weg und sagte, ich bekäme ihn wieder, wenn ich in Latein einen Dreier aufzuweisen hätte.

Mein nächstes Zeugnis wies einen Dreier in Latein auf. Aber den „Steputat" habe ich nicht wiederbekommen.

Ich hätte mir einen neuen „Steputat" kaufen können, aber ich habe es nicht getan. Auch dann nicht, als ich in Latein einen Einser hatte, als ich die Universitätsbänke meiner Vaterstadt gedrückt hatte und als ich bereits einige Bändchen Lyrik veröffentlicht hatte. Und jetzt, in meinem einundsechzigsten Jahr, nachdem ich gesehen habe, dass man auch ohne „Steputat" auskommen kann, werde ich mir erst recht keinen „Steputat" mehr anschaffen.

Gestern kam dieser Entschluss allerdings etwas ins Wanken. Gestern erfuhr ich, „dass sich im deutschen Dichterwald der

Schrei nach einem neuen Reimlexikon erhoben habe...,weil nämlich aus den Poren der alten Reimlexika, die von unsern Vätern und Großvätern dankbar gepriesen worden sind, Staubquelle!" So stünde es, sagte man mir, in der Vorrede zu dem neuen, aus dem Schrei des deutschen Dichterwaldes geborenen, Reimlexikon.

Welche Freude könnte ich Herrn Polycarpus machen, wenn ich ihm dieses neue Reimlexikon schenken würde! Und was für schöne Gedichte könnte Herr Polycarpus mit Hilfe dieses neuen, entstaubten und erweiterten Reimlexikons zu Namens- und Geburtstagen, zu Hochzeiten und so weiter fertigen. Schade, dass er schon lange tot ist, der Polycarpus. Aber es leben sicher noch Nachkommen von ihm, die sein Talent geerbt haben.

Begrüßungsrede zur Nikolausfeier in der Seerose

Hochverehrte Standespersonen, liebwerte Frauen – und alle, die heute mit ihren Charakterköpfen vertreten sind –

Blick ich umher in diesem edlen Kreise, welch hoher Anblick macht mein Herz erglühn – Herz erglühn, ja vor Freude, dass ich heute seit vielen Jahren zum ersten Mal wieder in der Seerose sein kann. Dank der Einladung des Herrn Oberbürgermeisters[1]. Ich bin in den letzten beiden Tagen ziemlich ins Fettnäpfchen getreten – worden. Aber davon später.

Damals als Gustl Weigert, ich und noch zwei oder drei andere den jetzt so bekannten Seerosenkreis begründeten, da waren wir eigentlich mehr ein gemütlicher-literarischer Stammtisch. Die einzigen Maler in unserem Kreis waren Ré Grossmann und Hermann – nein, nicht Hermann sondern Erwin – Erwin von Kreibig. Obwohl zu unseren Faschingsfesten, den ersten nach dem Zweiten Krieg Prinzessinnen und Minister durch das Küchenfenster kamen, um teilnehmen zu können, waren wir keinesfalls gesellschaftsfähig. Wollten wir auch gar nicht sein. In den späteren Jahren kamen dann mehr Maler dazu, rührige Maler, die dem Seerosenkreis ein anderes Gesicht gaben. Und ich meine, das ist gut so, denn für die Maler ist ja dank der Rührigkeit von Hermann Geiseler und dem Entgegenkommen des Kulturreferates allerhand Erfreuliches geschehen.

Ich bin ein alter Mann geworden, Gustl Weigert, Ré Grossmann, Erwin von Kreibig, Auernheimer, Hauschild, der Hänger Max, der Gustl Wisbeck und etliche andere, u.a. der letzte Lautensänger Hans Heiner Knoll, liegen auf dem Friedhof und sind zum Teil in einem sogenannten Armengrab begraben. Ein Druckfehler in meiner Vorrede zu dem Buch „Schwabing"[2] hat ihn in ein „Ahnengrab" verlegt. – Entschuldigen sie, meine sehr verehrten Damen und Herren, dass ich an einem fröhlichen Nikolausabend auf Gräber gekommen bin, aber das hat seinen Grund darin, dass ich resp. mein Ehrengrab, indirekt Grund zu schallendem Gelächter beim Stadtrat gewesen ist.

Sie alle, meine – Damen und Herren kannten Grock. Nicht das Getränk, sondern den Musical-Clown. Ich kannte ihn sehr gut, ich habe ihn oft getroffen, einmal hat er mir ganz privat auf seiner Miniaturgeige sogar eine selbst erfundene Kadenz zu einem Violinkonzert von Beethoven vorgespielt in seinem Hotelzimmer, eine Kadenz an der David Oistrach, ja selbst Joachim (Ich hoffe, ich stelle an ihre musikalischen Kenntnisse nicht allzu hohe Ansprüche) sich hätten eine Scheibe abschneiden können. – Dieser Clown, Dr. Adrian Wettach, wie er mit seinem bürgerlichen Namen hieß, und der für seine Clown-Verdienste den Ehrendoktor einer Schweizer Universität – hierzulande wäre so etwas kaum möglich – erhielt, sagte mir einmal in einem unserer vielen Gespräche über Humor: „Sehen sie, es gibt Leute, die mit mir lachen. Das sind die Mittelbegabten. Und dann – dann gibt es Leute, die nach der Vorstellung zu mir kommen in die Garderobe, mir die Hand drücken und sagen: „Wir haben gar nicht gewusst, wie viel unheimlicher Ernst hinter ihren Späßen steckt." Und sehen Sie, für diese Letzteren, einzig und allein für diese, spiele ich immer noch den Clown."

Nun ist er tot und begraben. Von den Freiplätzen in den ersten Reihen, glaube ich, wären nur wenige in seine Garderobe gekommen. Warum habe ich das wohl vom Grock erzählt? Ich weiß es selber nicht genau. Vielleicht können Sie sich einen Vers daraus machen.

Es gibt einen uralten Witz von dem Schild, auf dem steht: Dieser Weg ist kein Weg und wer es dennoch tut, bezahlt drei Mark. Erlauben Sie mir, diesen Satz abzuändern in: Dieses

Ehrengrab ist kein Ehrengrab, und wer es dennoch tut, bezahlt – nein nicht bezahlt – das hat die Stadt bereits getan. Für fünfzehn Jahre. Drei Jahre habe ich für die Leihgabe bereits abgeliehen und dann kaufe ich mir noch einige Jahre dazu. Ist es nicht komisch, dass man Zeit kaufen kann? Jedenfalls habe ich mir vorgenommen, schier dreißig Jahre alt zu werden in dem Ehrengrab. Jedenfalls danke ich der Stadt, dass ich mal in einem Grab liegen werde, in dem vor mir der Freiherr von Rezcniceck, der Maler eleganter Frauen, gelegen ist. Wir werden manche Berührungspunkte haben. Auch ich habe für den alten „Simplizissimus" und für die „Jugend" gearbeitet. Noch aber lebe ich. Und das verdanke ich Herrn Prof. Marchionini[3] und seinen Helfern, dem Prof. Schirren und Frau Dr. Neuner, die den alten Motor wieder in Gang gesetzt haben. Und denen ich hier in aller Öffentlichkeit für ihre selbstlose Weise, in selbstlosester Weise geholfen zu haben, meinen Dank aussprechen möchte. Der Altbundespräsident[4], mit dem ich hie und da korrespondiere, schrieb mir, „dass dies ein großes Zeichen für die Kunscht des Herrn Professor Marchionini, dem er in angenehmster Weise begegnet sei", wäre. Und ich sollte ihn bei Gelegenheit herzlich grüßen.

Da ich gerade beim Danksagen bin, möchte ich unserem OB dafür danken, dass er uns vor einer rheinischen Weihnachts-Illumination der guten alten Münchner Stadt bewahrt hat. Und dass auf der diesjährigen Vogelausstellung, deren Schirmherr er ist, kein Strauss[5] zu sehen ist.

In seinem Falle ändert Peter Paul Althaus seine Gesinnung, der heute in der Abendzeitung so groß aufgemacht stand. In den nächsten Tagen können sie die Aufforderung meines Rechtsanwaltes lesen, den ich sofort angerufen habe, und von mir eine Berichtigung verlangen. Ich habe weder behauptet, Herr Heigl hätte mein Telegramm unrichtig wiedergegeben, noch habe ich eine Beitrittserklärung zu dem betreffenden Verein unterschrieben.

Zum Schluss möchte ich noch kurz einigen Schwabinger Gerüchten entgegentreten. Es ist nicht wahr, dass eine gewisse Partei ihren Anhängern verboten hat, kleine Spiegel an den Weihnachtsbäumen aufzuhängen – Es ist nicht wahr, dass der rieselnde Kalk des Herrn Lugbauer zu Restaurationszwecken an den Gebäuden in der Ettstraße verwendet wird. – Es ist nicht wahr, dass Heidi Brühl mit ihrem Schlager: „Wir wollen niemals auseinandää gehn" Schleichwerbung für einen Entfettungstee treibt. – Es ist nicht wahr, dass es im Leben hässlich eingerichtet ist, dass neben Rosen gleich die Dornen stehn, aber es ist nicht wahr, dass neben Imbisshallen gleich Bedürfnishäuschen stehn. In der Ludwig- und Leopoldstraße stehen viele Imbisshallen, aber von der Feldherrnhalle bis zur Feilitzschstraße stehen jeweils nur eins und dazwischen – wenn Sie müssen, dann müssen Sie sich sehr beeilen, denn die Straße zwischen Feilitzschplatz und Feldherrnhalle beträgt immerhin anderthalb Kilometer.

Selbstgemurmel zur Klagelaute[1]

Was in einem Vorwort zu diesem Buche zu sagen wäre, steht alles viel besser in dem Nachwort.
Das Nachwort hat der Herausgeber geschrieben.

Am besten lesen Sie zuerst das Nachwort. Ich habe es auch zuerst gelesen, ehe ich die Manuskriptseiten durchgeblättert habe, für die ich ein Vorwort schreiben sollte.

Lange habe ich mir überlegt, ob überhaupt ein Vorwort zu diesem Buch, das sich „Geliebtes Schwabing" nennt, nötig sei. Aber man sagte mir, ich sei ein alter Schwabinger und infolgedessen ...

Gerade als altem Schwabinger sind mir Zweifel gekommen. Zweifel, ob es für einen alten Schwabinger angängig und erlaubt sei, Schwabing noch zu lieben.
Aber dann habe ich mir gesagt, dass es auch eine Liebe über den Tod hinaus gibt.

Gottlob handelt das meiste, das von diesem Buch mit viel Fleiß und Verantwortungsgefühl dem Gegenstand gegenüber zusammengestellt ist, von jenen Zeiten, als Schwabing noch von innen leuchtete, anstatt von Neonröhren angemalt zu sein.

Die oft zitierte Gräfin Reventlow mit ihrem noch öfter zitierten Ausspruch: Schwabing sei ein Zustand, würde heute wahrscheinlich sagen: Schwabing – das sind Zustände!

Ich vermisse in diesem Buch manches, was während der zwanziger Jahre (dem silbernen Zeitalter Schwabings) in Schwabing und gleich nach dem zweiten Weltkrieg (in der Trümmerzeit Schwabings) für Schwabing von Bedeutung war.
Entweder sind die Männer, denen Schwabing und die

Wiedererweckung Schwabings am Herzen lag, nicht gefragt worden, oder sie haben – die paar Übriggebliebenen aus den goldenen und silbernen Zeiten und den tausend Jahren nachher, da Schwabinger nicht mehr genehm waren – ihren Irrtum: Schwabing wieder erwecken zu können, eingesehen und schweigen.

Über enttäuschte Hoffnungen spricht man halt ungern. Hätten sie sich geäußert ...

... aber welcher Verleger würde sich bereit finden, ein Buch über Schwabing zu editieren, das den Umfang des Großen Brockhaus haben müsste, um alles, was in Schwabing seit Beginn des zwanzigsten Jahrhunderts an kuriosen und trächtigen Dingen geschehen und was alles an bemerkenswerten Frauen und Männern in diesem (jetzt leider nicht mehr reservierten) Sonderabteil Münchens gelebt hat, zu enthalten?

Allein das Kapitel „Brennessel" – „Steinicke" – „Zwiebelfisch" – „Schwabinger Laterne in der Seerose" – „Das Monopteross" – (letzteres mit Beiträgen von Trude Hesterberg, Axel von Ambesser, Renate Mannhardt, Gert Fröbe und vielen anderen) würde einen ganzen Band füllen.

Den Anfang des Kapitels hätten Karl Wolfskehl, der Zeus von Schwabing, und C.G. Maasen, der ebenso geistreich schreiben wie kochen konnte, verfassen müssen. Aber die beiden sind leider schon tot.

Wie so vieles im heutigen Schwabing.

Beide waren sie über Mittelmaß.

Vielleicht bekommen sie aber doch noch gelegentlich einen Brunnen. Wenn es zu teuer wird, zusammen einen. Oder wenn das auch noch zu teuer sein sollte, eine Brücke. Eine von den vielen noch namenlosen Brücken im Englischen Garten. Auf der einen Seite ein Schild, eine Tafel: Karl – Wolfskehl-Brücke – auf der anderen Seite ein Schild: C.-G.-von-Maassen-Brücke.

Wenn das auch nicht gehen sollte, so haben sie jedenfalls aber ihr Denkmal in der Erinnerung derjenigen, welche die Zeiten, in denen die Schwabinger in Schwabing noch unter sich sein konnten, miterlebt haben.

Mir kann es egal sein, was aus Schwabing wird, wenn es so weitergeht. Die Stadt München hat mir ein Grab geschenkt, das heißt nicht direkt geschenkt, sondern als geschenkte Leihgabe überreicht.

Natürlich kann man Gräber nicht überreichen. Wie einen Orden beispielsweise oder einen Blumenstrauß. Darum ist es auch auf dem Friedhof liegen geblieben.

Auf meinen Wunsch hin ist es ein kommodes Grab. Ganz nahe am Eingang, damit meine Freunde nicht allzu weit zu laufen haben, wenn sie mich mal besuchen wollen.

Wie gesagt, es ist eine Leihgabe. Auf fünfzehn Jahre.
Beinahe zwei Jahre habe ich bis jetzt schon abgeliehen. Außerhalb desselben.

Ich muss mich also beeilen, wenn ich wirklich etwas von meinem Grab haben will.

Der jetzige Bewohner ist auch ein alter Schwabinger.
Und so komme ich in gute Gesellschaft. In exklusive sogar.
Er war ein adeliger Kavallerieoffizier. Vor dem ersten Weltkrieg.
Ich ritt in den ersten Weltkrieg als Husar. Auf einem Pferd, das mir unter dem Leib tot geschossen wurde.

So haben wir schon von vornherein gemeinsame Gesprächsstoffe. Über die Schändlichkeit, Pferde in den Heldentod zu schicken. Von Menschen ganz zu schweigen.

Von den krepierten Dampfrössern, mit denen ich im zweiten Weltkrieg zu tun hatte, werde ich ihm nichts erzählen.

Wir haben andere gemeinsame Berührungspunkte.
Sonderbares Wort für diesen Zustand: Berührungspunkte – nicht wahr?

Er zeichnete und malte elegante Frauen für den alten Simplicissimus und für die Jugend.
Ich schrieb für den alten Simplicissimus und für die Jugend lockere Geschichten und hintergründige Gedichte.
Er starb zu früh.

Wen die Götter lieb haben...
Mich scheinen die Götter nicht so lieb zu haben. Wahrscheinlich werde ich mir noch einige Jahre zu den fünfzehn gestifteten dazu kaufen müssen, um wenigstens schier dreißig Jahre alt zu werden in dem Grab[2].

Ist es nicht komisch, dass man Zeit kaufen kann?
„Die Zeit ist ein wunderbar Ding", singt die Marschallin im Rosenkavalier.
Ja, ein sonderbar Ding, die Zeit.
Jede Zeit hat ihr besonderes Gesicht.
Schwabing hat zur Zeit eine Visage.

Wir alten Schwabinger, die aus dem vorigen Jahrhundert, wir haben so viele Schwabinger Zeiten durchlebt, dass wir schon gar nicht mehr sagen können: „Zu meiner Zeit..."

Haben Sie übrigens schon erraten, wer mein Vormieter auf dem Nordfriedhof (25-4-2) ist?
Es ist der Freiherr Ferdinand von Rezniceck, gestorben 1909.

Soll man in einem Vorwort etwas sagen über die Fragen: „Wer ist ein Schwabinger?" oder „Kann man Schwabinger werden?" Diese Fragen sollen sich die Bartjünglinge beantworten, wenn sie in Düsseldorf oder Bochum oder Dortmund glattrasierte Zeichenlehrer oder Reklamechefs geworden sind.

Sie werden den Satz von der „Visage" höflicher ausgedrückt im letzten Kapitel dieses Buches und vor allem auch in dem Nachwort des Herausgebers finden können.

Überhaupt hätten Sie, wie ich schon zu Anfang sagte, das Nachwort zuerst lesen sollen.
    Geliebtes Schwabing?

Vielleicht kommt das alte Schwabing, der Stil, der Geist des alten Schwabing mal wieder in Mode.
    Auf dem Mond oder auf der Venus.
So long!

Schwabing, im Juni 1961

Vorwort oder Nachruf – das ist hier die Frage[1]

Ein alter Schwabinger soll zu diesem Bilderbuch über das neue Schwabing etwas schreiben. Sei's drum.

Es gibt Städte und Stätten, wo seit Jahrhunderten Verträge geschlossen und Friedensabkommen unterzeichnet werden. Es gibt Orte, an denen seit geraumer Zeit Wunder oder sonstige unerklärliche Dinge geschehen. Andere Städte sind ständige Ausgangspunkte von Aufruhr und Revolution. Manche sind so trostlos, dass man nicht dort begraben sein möchte, und manche so heimelig, dass man sich wünscht, ewig in ihnen zu leben. Städte haben ihre Schicksale, und manche Astrologen veröffentlichen sogar Städte-Horoskope.

Aber es bleiben doch immer Fragen. Warum ist beispielsweise Wien (trotz allem), warum ist Paris (trotz allem), warum ist München (trotz allem) immer auf den Beinen geblieben? Ist es nicht so, dass diese Städte Sonntagskinder sind?

Nun haben diese Städte überdies noch Bezirke, in denen der Sonntag zum ewigen Festtag wird. In Wien ist's Grinzing, in Paris der Montmartre, in München Schwabing.

Aber ist Schwabing ewiger Sonntag? Und wo fängt es an, wo endet es? Beginnt es hinter dem Siegestor, wie man so sagt?

Der „Simpl", das „Grüne Schiff", das „Griechenbeisel," die „Diana", die „Blüte", in der damals im Fasching traditionsgemäß die Modellbälle stattfanden, und wie die Zentren des vergangenen Schwabings alle sonst noch hießen – sie alle lagen südlich des Siegestors. Ganz zu schweigen von dem „Café Stefanie" und dem „Café Universität", auf deren Marmortischen berühmte oder nachmals berühmt gewordene Dichter ihre Gedichte skizzierten. Auch „Papa Steinicke", der von

Beruf Buchhändler und aus Berufung Weinwirt war, behütete seine Nachtwandlerfeste in der Adalbertstraße. Also weit vor dem Siegestor. Geradeso wie die Osteria Italiana in der Rambergstraße, mit dem kunstvoll radebrechenden ehrenwerten Signore Lombardi als Wirt, wo die arrivierten Schwabinger und diejenigen, die auch einmal arrivieren wollten, ihr Pollo arrosto verzehrten und Velletri dazu tranken.

Schwabing, das Künstlerviertel Schwabing, lag zu jener Zeit auch westlich des Siegestors.

Heute liegt Schwabing östlich des Siegestors, denn es wurde nach dem zweiten Weltkrieg nahe dem Schwabinger Kirchlein in einer unscheinbaren Kneipe wiedergeboren, nachdem es zwölf Jahre lang scheintot gewesen war. Im übrigen weist die Geschichte Schwabings drei Kapitel auf: Das „Goldene Zeitalter", dem illustre Namen das Gepräge gaben, das „Silberne Zeitalter", das vom Ruhm des Goldenen zehrte, und das „Atomzeitalter," das anderswo auch nicht besser ist.

In der scheintoten Periode, in der sich berufsmäßige Humoristen von der Obrigkeit die Erlaubnis für ihre „gewagten" Witze holten, haben echte Schwabinger, die sich nicht in die verordnete Ordnung einordnen mochten, wie der Dichter Arnold Weiß-Rüthel, aus ihrem Herzen keine Mördergrube gemacht haben und dafür bitter büßen müssen. Auch der Karl Valentin, der so oft im Lokal von Beppo Benz, dem Sohn von Papa Benz, Gastspiele gab, dass er sehr wohl zu Schwabing zählte, besaß jene schwabingerische Eigenschaft: Vor keiner Obrigkeit den bürgerlichen Respekt zu haben. So viel kluge Leute auch an ihm herumgedeutelt haben: Auf den einfachen Gedanken kamen sie nicht, dass er, trotz seiner scheinbaren Zerrissenheit, trotz seinem ewigen Für und Wider, den bekennerhaften Mut gehabt hat, alle Zeit seines Lebens von oben bis unten, von rechts und links, von hinten und vorn ganz einfach der Karl Valentin, eben er *selbst* zu sein. Eine *Wesenheit*, die sich fast unvorstellbar mit seiner *Persönlichkeit* deckte. Also, wirklich ein Original: Das originellste, ursprünglichste Original, das man sich denken kann. Ein Mensch mit allem Drum und Dran schlechthin. Oder guthin. Darum waren bei seinem Begräbnis am Rosenmontag 1948 auch nur seine Freunde dabei. Das Offizium Münchens war nicht vertreten.

„Er wird uns unvergesslich sein", steht unter den Todesanzeigen der Aufsichtsräte und Generaldirektoren zu lesen, und morgen gehen die Unterzeichneten schon wieder ihren Skat dreschen oder zu Parties. Das Leben geht weiter. Sagen sie. Aber manches besteht und bleibt bestehen. Wie ein Monument. Und wir alten Schwabinger haben diesen unvergleichlichen Daneben-Denker, Ex-tempore-Dichter, absonderlichen Kauz und herzensmitteilsamen Künstler von Angesicht zu Angesicht gekannt und in der Küche von Beppo Benz seine Krankheitsgeschichten gehört, diese pessimistischen Ergüsse, die einfach zu seinem Wohlbefinden gehörten. Wir sollten ihn eigentlich zum Heiligen der Grantler ernennen. Aber Mozart ist nicht heiliggesprochen worden und Schopenhauer auch nicht.

Was heute in Schwabing als bloß vorsätzliches Original herumläuft, in selbstgebastelter Kleidung, Sandalen und mit Existentialisten-Bärtchen, muss gelegentlich lernen, dass der Existentialismus inzwischen ins Museum gestellt worden ist, und dass äußere Aufmachung noch keine innere Originalität ist. Aber sie alle sind liebenswert. Und es wird sicher mit ihnen allen gut ausgehen, wenn sie Künstler geworden sind, oder Kaufleute, oder Beamte. Schwabing ist nämlich auch ein Durchgangsstadium.

Da wir nun schon einmal von Originalen sprechen, sollen ein paar von ihnen aus dem Silbernen Zeitalter auftreten. Sie waren nicht von den Künsten, wenigstens nicht mit der Malerei, der Bildhauerei, der Dichtung und der Musik befasst. Dahingegen umso mehr mit einer gewissen Lebenskunst. Da war der „Schokoladen-Christus", wegen seines Bartes so genannt. Er klapperte jeden Abend ab zehn Uhr mit seinem Bauchladen sämtliche Lokale des damaligen Schwabing ab: Vom „Café Stefanie", wo ihm selbst die Künstler und die verbissensten Schachspieler etwas abkauften, bis hinunter zum hohen Norden. Im Simpl begann sein allabendliches Leiden. Auch Leute, die das schon hundert Mal getan hatten, zupften an seinem Bart, um dessen Echtheit zu erproben. Er trug ihn, der eine Voraussetzung seines Geschäftserfolgs war, mit der gleichen Gelassenheit und mit dem gleichen still verklärten Lächeln wie den Umstand, dass er in der „Diana", im „Bunten Vogel", im Grünen Schiff ganz derb veräppelt wurde. Aber man kaufte ihm etwas ab. Es hieß, er wohne unter einer Isarbrücke. Ein Clochard also, hochinteressant. Er beließ es bei dieser Legende, ja er beschrieb sogar auf Verlangen seine Bleibe aus alten Kisten und seinen Hausrat aus verrosteten Blechbüchsen und Pappschachteln so plastisch, dass sich Thomas Mann eine Scheibe davon hätte abschneiden können. Dabei wohnte der Schokoladen-Christus in einer erstaunlich unschwabingerischen, aufgeräumten Zweizimmerwohnung, die er sich von seinem Christusbart und dem Schokoladenverkauf leisten konnte.

Den dicken Tenor – sein Name ist mir entfallen und ich bin zu faul Ernst Klotz, den Moritatendichter und das Gedächtnis von Schwabing, anzurufen –, den wir bei Papa Steinicke grausamerweise zum hohen C hinaufjagten, ohne dass er es je erreichte, kann man genauso zu denen rechnen, die Schwabings Ruhm vermehrt haben, wie jenes andere Original, das keinen Spitznamen hatte, und dessen richtigen Namen ich nie erfahren habe: Der Mann, der in einem sorgsam gebürsteten, aber vielfach geflickten Anzug Streichhölzer verkaufte. Er ging nur in bessere Lokale. Eines Tages war er verschwunden. Nach einem Vierteljahr erschien er wieder. Er trug einen Cutaway und hatte sich einen Spitzbart wachsen lassen, wie ihn

Kaiser Wilhelm II in Doorn trug. Die Ähnlichkeit war überwältigend. Kaiser Wilhelm verkaufte Streichhölzer in Schwabing! Kein Tisch, an dem man ihm nichts abnahm. Es gab Leute, die fünfzig Pfennig für eine Streichholzschachtel entrichteten. Wer konnte sich schon von Kaiser Wilhelm etwas schenken lassen? Welch ein Psychologe war dieser Mann!

Eines der letzten wirklich künstlerischen Originale war Hans Heiner Knoll, einer aus dem Stamm der fast ausgestorbenen Lautensänger der Schwabinger. Er liegt in einem Armengrab auf dem Nordfriedhof. Drei Schwabinger Bildhauer versprechen mir seit zweieinhalb Jahren, ihm ein Denkmal zu setzen: Einen Findling, eine Laute eingemeißelt, mit der Unterschrift „Schwabing". Denn hier liegt wirklich ein Stück Schwabing begraben. Aber bis jetzt haben diese drei Bildhauer ihr Versprechen nicht gehalten. Und auch das ist Schwabing. – Knoll ging abends von Kneipe zu Kneipe, sang je nach Publikum selbstvertonte Lieder von Villon oder Löns, und wenn er zuletzt in die „Seerose" kam, leicht schwankend von dem vielen Freibier von unterwegs, dann stürzte er sein Instrument um, ließ seine Einnahmen auf den Künstlertisch klingeln, zählte die Summe ab – eine sehr kleine: „Das langt für morgen" – und lud von dem Rest die anderen zu Bier und Wein ein.

Wenn man einem Millionär sämtliche geschenkten Brasseletten vor die Füße schmeißt, weil dieser einem armen Maler nicht helfen will, dann spricht das auch schon für die Originalität. Das ist Marietta, die nebenbei etwa 1500 Gedichte Schwabinger Dichter auswendig kann – auf ihre eigenwillige Art. Sie gereicht Schwabing zur Ehre, und mit Stolz trägt sie den ersten silbernen „Seerose-Ring". – Den zweiten hat seit ihrem fünfundsechzigsten Geburtstag Jo Weigert, die Witwe des vor fünf Jahren gestorbenen Schauspielers, der zur Wiedergeburt Schwabings nach der scheintoten Zeit das meiste beigetragen hat.

Das Atomzeitalter Schwabings begann nach dem zweiten Weltkrieg. Wie vor einem halben Jahrhundert der Montmartre entstand – oben auf der Butte. Da waren damals ein paar Kneipen, in denen man billig essen und trinken konnte. Also, etwas für Künstler. Dann brachte der oder jener abends ein am Tag verfasstes Gedicht mit und las es vor. Ein Musiker hatte es morgens bereits vertont. Die Handwerker und die kleinen Kaufleute, die im Vorderzimmer des Lokals saßen, horchten auf, kamen ins Hinterzimmer, hörten zu. Und saßen dann mit den Dichtern und Musikern zusammen. Die Parlotte war geboren. Es sprach sich herum. Fremde kamen. Der Wirt verdiente mehr. Die Dichter und Musiker erhielten Essen und Trinken umsonst. Maler hängten ihre Bilder an die Wand. Zum Verkauf. So also begann der Montmartre.

Das Schwabing der Zeit nach dem zweiten Weltkrieg begann geradeso. In der „Seerose". Ein paar alte Schwabinger – der Schauspieler Gustl Weigert, die Schriftsteller Gustl Wiesbeck, Martin Lankes und ich – sagten sich: Schwabing darf nicht sterben, und es entstand die „Schwabinger Laterne". Nach und nach kamen sie alle wieder zusammen, die übriggeblieben waren. Und dazu noch etliche junge Kutscher-Schüler, Studenten, Schauspieler. Dann vermehrten wir uns durch Spaltung. Ich zog mit den Jungen aus und gründete das „Monopteross". Aus der Spezies der neuen Schwabinger Tiere des Goldenen Zeitalters, wie auch die „Aftermite". Das „Monopteross" war ein ganz großer Erfolg. Alles was in West, Süd und Nord Klang und Namen hatte, war bei uns zu Gast und trat für ein Künstleressen, eine Gulaschsuppe und einen Schoppen Wein, aufs Podium. Um sechs Uhr saß man sich bereits auf dem Schoß. Unser Programm, wenn man überhaupt von einem Programm sprechen konnte – es ging ziemlich und unziemlich durcheinander –, begann erst um neun.

Eines Tages hatten wir keine Lust mehr. Weil um uns herum

das Atomzeitalter nun ernsthaft begann mit all seiner lauten Begleitmusik. Künstlerlokale schossen wie Boviste aus dem Erdboden, und Schwabing war mit einem Male überfremdet. Wir zogen uns wieder in die Seerose zurück. Maler, Bildhauer, Dichter, Musiker, Schriftsteller und etliche Freunde der Künste. Allesamt Schwabinger und keine Schlawiner.

Die Schlawiner haben die Geschichte Schwabings zwar stets ins Unreine geschrieben. Wir aber waren ob der Entwicklung, die Schwabing genommen hatte, durchaus nicht verstimmt: Wir wissen, dass jede Zeit ihr eigenes Gesicht hat. Und wenn wir Schwabinger auch unser Gesicht wahren, so machen wir doch gute Miene dazu.

Wir leben selbst im vierten oder fünften Stock sozusagen etwas im Untergrund. Und lassen das Zwitschern den Jungen. Sie werden schon dafür sorgen, dass Schwabing nicht ausstirbt – wenn aus den Schlawinern richtige Schwabinger geworden sind. Falls sie nicht vorher wieder heimreisen.

Um noch einmal darauf zurückzukommen: Es gibt Städte, die so heimelig sind, dass man ewig dort leben möchte. Besonders, wenn sie zu denen gehören, an denen seit geraumer Zeit Wunder und sonstige unerklärliche Dinge geschehen.

**Verworrene Elegie und billiger Eigentrost
eines alten Schwabingers**[1]

I.

Nun bin ich auch ein alter Schwabinger. Als ich ein junger Schwabinger war, vor mehr als einem Menschenalter, habe ich die damals alten Schwabinger gut gekannt. Mit vielen war ich befreundet. Und wenn ich auch damals nichts so recht verstand – ich wurde eingemeindet.

II.

Es war eine wunderschöne Zeit, trotz Inflation und Putschen; wir fanden, das konnte uns allesamt den Buckel hinunterrutschen. Wir lebten in einer anderen Welt, einer Welt, wie wir sie uns vorgestellt, die wirklicher war als Politik und echter war als Kinoglück; in der wir alles das fanden, was Gott auf die Erde als Freude gestreut. Wir haben uns jeden Tag aufs neue gefreut; und nichts kam uns abhanden, weil wir nichts besaßen wie unseren Humor. Und den konnte uns keiner nehmen.

III.

Wenn ich heute nachts heim durch die Schwabinger Gassen gehe, rechts und links zur Seite einen von denen, die nicht mehr sind, dann ist es sehr still um mich; aber die nicht mehr sind, die schmerzt das Tom-Tom der Trommeln und das Trompetengestöhn in die aufgescheuchten Zeiten. (Was sie auf der Reeperbahn oder am Place Pigalle besser haben könnten. Aber Schwabing gibt sich jetzt solche Mühe up to date zu bleiben. Und das ist ja auch was.)

IV.

Die Götter, die uns einst begleitet haben, wenn wir beschwingten Schrittes zwischen den Pappeln hinter dem Siegestor erst nach rechts und dann nach links sind abgebogen – ach du lieber Gott, wie schnell ist die Zeit doch verflogen – die Götter, die uns damals begleitet haben zwischen den Leopoldstraßen-Pappeln, sie schlafen. Oder sie haben Angst, wir schössen Löcher in den Himmel hinein und die Löcher wären nicht mehr zu löten.

V.

Damals waren wir der Götter Freund. Sie und wir glaubten: Nun wird nie mehr Krieg sein. Ihr Glaube war unsere Sicherheit und der Grund unserer unbeschwerten Schwabinger Lebensfreude. Wir nahmen, das heißt, wir bekamen nicht einmal Honorar, wenn wir im „Simpl" bei Kathi Kobus unsere Gedichte aufsagten. Außer zweien, die für ihr Alter vorausorgen wollten. Es hat ihnen aber nichts genutzt.

Später, viel später, sechsunddreißig Jahre später war das auch so. Aber anders, ganz anders.

VI.

Der Kathi Kobus begegne ich manchmal in Vollmondnächten. Da trägt sie ihr schwarzes Festtagsgewand und ihr Sonntagsgebiss. Kürzlich habe ich sie an der Ecke der Türken- und Akademiestraße getroffen. Ich habe Kathi Kobus nie weinen gesehen. Aber diesmal hatte sie. Sie kam vom alten „Simpl" und neben ihr oder vielmehr etwas hinter ihr ging der Joachim

Ringelnatz, als ob er einen Hund an der Leine führte. Ging? Na, ja – aber der Ringelnatz war nie besoffen, er tat nur so und machte damit fade Menschen froh, die keine eigene Fröhlichkeit besaßen, dafür aber umso lauter brüllten auf den Straßen, wenn sie im „Simpl" gewesen waren. Auch der ehemalige preußische und jetzt schon so lange tote Kronprinz war einmal da. Aber vor dem hat der damalige republikanische Polizist bei der Aufnahme der Person stramm gestanden. Anzeichen von betrüblichen Verfallserscheinungen. Irgendwie prophetisch.

VII.

Joachim Ringelnatz segelte wortlos nach Hause um die Ecke; und dann stolperte er über zwanzigtausend Sternenverse, die er aus der Spiegelgosse aufhob und sie in seinem Hosenbund versteckte. Ich sah ihn noch seinen Hut schwingen und hörte ihn ganz leise singen: „Diese Verse sind viel zu gut für euch, die soll keiner lesen, wer nicht damals bei Kuddeldaddeldu gewesen – und die anderen können mich alle und wenn es sein muss, gleich!"

VIII.

Und dann kehrte er unvermutet um und schenkte mir eines von den Sternengedichten, als Gegengabe, wie er sagte. Ich fühlte mich sehr geehrt. Dachte ich doch – aber was ich dachte, ist egal. „Als Gegengabe dafür", sagte Ringelnatz, „dass du den rezitatorischen Damen und Herren das Maul verbindest, wenn sie meine Gedichte vortragen und keine Ahnung haben, was dahinter steckt. Und als Gegengabe für die Hose, die ich dir mal mit Rotwein versaut habe." Die Hose hatte ich längst vergessen. Ich war etwas enttäuscht. Inzwischen habe ich nämlich ganz ordentliche Gedichte geschrieben, bessere, als diejenigen, die ich damals bei Kathi Kobus vorgetragen habe, und da dachte ich, Ringelnatz wollte mir ... aber da musste ich plötzlich einen Streit schlichten zwischen Ringelnatz und Fred Endrikat, der behauptete, es sei *seine* Hose gewesen. (Der Fred Endrikat – es wird mir keiner glauben und es braucht auch keiner zu glauben – kam aus der Handtasche von Kathi Kobus, die während der ganzen Szene eine vornehme Zurückhaltung bewahrte.) Endrikat übergab Joachim Ringelnatz das Adressbuch, aus dem er immer vorlas und sagte: „Meine gesammelten Werke, Herr Bötticher!" – „Ich trinke nur Wein und keinen Steinhäger! Sie Westfälischer Dickkopp!" – „Es können nicht alle Dichter sächsische Seeleute sein!" – „Deswegen haben wir uns ja gegenseitig auch nie Konkurrenz gemacht!"

Das hätte noch lange so fortgehen können (denn sie waren beide gute Menschen), wenn nicht in diesem Augenblick dem Endrikat der Wäschesack von der Schulter gerutscht wäre. – Wenn man ihn tagsüber sah, trug er meist einen Wäschesack auf der Schulter. Er hat ihn nie bedichtet. – Was Endrikat jetzt in seinem Wäschesack trug, sah aus wie fünfzigtausend Schlawinerseelen, die er aus der Hölle herausgeholt hatte. Er schickte sich an, den Sack zu öffnen. „Untersteh Dich!", zischte ihn Kathi Kobus an, „ist sowieso schon schlimm genug!" Kathi hatte nämlich den Samba-Jüngling gesehen, der sich mit wiegenden Hüften aus einem der Künstlerlokale von der Leopoldstraße kommend, näherte. „Es tröpfelte, es tröpfelte", murmelte Endrikat, „es tröpfelte, es tröpfelte." – „Alter Hut!", geringschätzte der Tanzjüngling im Vorübergehn. „Steck ihn in den Sack!", zischte Kathi Kobus. „Damit mir zwanzig andere auskommen!", raunzte Endrikat. Und dann traten er und Joachim Ringelnatz ihm zu gleicher Zeit in den Hintern. Aber der Tanzjüngling spürte das gar nicht. Welcher Tanzjüngling spürt schon den Tritt von einem Geist?

IX.

„Was tun wir jetzt?", fragte Joachim Ringelnatz und bohrte mit seinem Finger in seiner Hakennase. Eigentlich mit zwei Fingern. Seine Nase war weiträumig. Eine Angewohnheit, die er zu seinen Lebzeiten nie gehabt hatte. Nur in seinen Gedichten. Aber jenseits werden Gedichte manchmal zu unvermuteten Tatsachen. „Gehen wir noch auf einen Schoppen –„ – „Steinhäger" unterbrach ihn Ringelnatz, aber Endrikat fuhr fort, „in die Diana." – „Die ist nicht mehr", sagte ich. „Wieso?", fragte Kathi Kobus. „Dann gehen wir in das grüne Schiff!", schlug Ringelnatz vor. „Kaputt", sagte ich. „Wieso?" fragte Kathi Kobus. „Das erzähl ich Dir nachher, Kathi Kobus"; entgegnete ich und dann mit etwas Zögern und erstickter Stimme, „den Simpl übrigens auch". – „Wieso?", fragte Kathi Kobus. „Wir gehen zum Papa Steinicke!", knarrte eine Stimme aus dem Gully an der Straßenecke. Unverkennbar von C.G. Maasen, der Gourmet und ewige Herausgeber einer E.T.A. Hoffmann-Ausgabe. Er kletterte langsam aus dem Gully. „Wieso?", fragte Kathi Kobus nochmals, „als ich gerade vorbeikam, da war doch noch Licht drin!" (Wieso der C.G. in den Gully kam kann ich nicht sagen. Vielleicht war dieser Gully der Ein- oder Ausgang des Hades.) „Hättest Du mal hineingeschaut, wär Dir'n Licht aufjejangen!", ließ sich eine baltische Stimme vernehmen. „Ach, der Hillbring!" staunte Kathi Kobus, „wo kommst Du denn her?" – „Vom Fernsehen:" – „Was ist das – Fernsehen?" wollte Kathi Kobus wissen. „Kann ich Dir nicht jenau erklären, jedenfalls man verdient mehr dabei als in deinem alten Simpl", sagte der berühmte Chansonnier kühl. „Haare hast Du noch immer keine!", tadelte ihn die Kathi. „Doch, aber auf den Zähnen. Wir sind älter geworden und da wachsen die Haare an passenderen Stellen nach!" – „Und im Simpl trittst Du nicht mehr auf?" – „Nein, der PPA – Peter Paul Althaus hat Dir doch eben jesagt, den jibts nicht mehr!" – „Aber das Licht –", brabbelte Kathi vor sich hin. „ – leuchtet in der Nacht", sagte der blinde Peter von der Osten, einer von denen, die früher bei der Kathi Kobus Gedichte rezitiert hatten. Mittlerweile waren es nämlich immer mehr Leute geworden, die sich da an der Ecke Türken-Akademiestraße versammelt hatten. Der alte Koppel, der immer besoffene Klavierspieler, hatte sogar sein Piano, das alte verstimmte, mitgebracht. Oder war es das Klavier, das in der Pension Fürmann sommers und winters im Freien gestanden hatte? Jedenfalls hatte der René Prévot einen Handwagen dabei. Es konnte also sein. Lale Andersen sollte etwas vortragen, weil wir unter einer Laterne standen. Aber Lale Andersen sagte, sie singe nur noch auf Schallplatten oder im Rundfunk oder auf Großveranstaltungen. „Und dafür habe ich Euch aufgezogen!", raunzte Kathi Kobus. „Wir gehen jetzt zu Papa Steinicke!" beharrte C.G. Maasen. Auch Peter von der Osten stimmte ihm bei. „Den hast Du ja gar nicht mehr gekannt!", fauchte ihn C.G. an. „Ja, aber jetzt ist er bei uns, nachdem er die Kellertreppe heruntergefallen ist. Er hat mir erzählt, dass sein Clublokal mitsamt dem Saal, in dem die Nachtwandlerfeste und so viele Uraufführungen stattgefunden haben, ausgebombt worden ist. Übrigens, was ist eigentlich ‚ausgebombt'?"

Es schien mir an der Zeit, dies nachgerade immer verworrener werdende Gespräch zu unterbrechen, aber Kathi Kobus kam mir zuvor. „Ich habe gehört, ihr habt in der Barer Straße einen Laden aufgemacht, den ‚Zwiebelfisch'. Können wir nicht dahin gehen?" – „Der ist auch hin, der war ja schon vor tausend Jahren . . ." – „Wieso? Wieso vor tausend Jahren?" – „Ja, eben"!, sagte Hillbring auf Baltisch.

X.

Es entstand eine lange Pause. Es war mir, als wären sie alle nicht mehr da. Aber sie waren da. Der Mond hatte sich hinter einer Wolke verkrochen und der Zuckerbäckerbau der Akademie und das Siegestor in seiner hölzernen Verkleidung wirkten wie Faschingsvorbereitungen der Narrhalla. „Sieh mal Kathi", begann ich zögernd, „Schwabing hat sich verlagert. Das mag an der Verschiebung der Erdachse liegen oder an sonst was. Ich weiß es nicht genau. Wir wollen mal, wenn es Dir recht ist, auf die andere Seite gehen." Kathi nickte.

Das Häuflein zerbröckelte. Als wir am Siegestor anlangten, waren wir nicht mehr viele. Hillbring war nach Hause gelatscht, Ernst Klotz, der Moritatendichter, war auf seinem Fahrrad abgebraust, ein rotes Sportcabriolet mit Lale Andersen folgte ihm mit rechtem hinterem Plattfuß.

Es waren nur noch die Toten, die sehen wollten, was auf der anderen Seite sei. Unter dem Siegestor stand Karl Wolfskehl. Er hatte ein Gewehr umgehängt und behauptete, er müsse hier Wache halten. „Du bist abgelöst, Karl, komm mit!", sagte ich. Karl Wolfskehl legte sein Gewehr über die Trambahnschienen, damit es die erste Frühtrambahn mittendurch schneide. Das könnte, gab ich zu bedenken, zu einer Entgleisung führen. „I wo", antwortete Wolfskehl, „das ist ja nur eine Attrappe, das Gewehr, ein Holzgewehr. Wenn ein Fremdkörper nach Schwabing hätte hinein wollen, dann hätte ich ‚Bumm' sagen müssen. So lautete wenigstens meine Order." – „Von wem war die Order?", fragte ich. – „Von mir!", sagte Karl Wolfskehl schlicht. „Komm mit! Die kennst Du ja alle! Dein Weihenstefan (George) und die Gräfin Reventlow sind übrigens nicht dabei." Karl Wolfskehl zog seinen Schlapphut und dann gingen wir durchs Siegestor. Allesamt. Kathi Kobus blieb plötzlich stehen. Sie fauchte mich an: „Warum lebst Du eigentlich immer noch?" – „Das will ich Dir sagen – ich habe auch eine Order – eine Order von mir: Die Tradition zu bewahren." – „Tradition von was?" – „Nun, vom alten Schwabing. Schau, Kathi, jede Zeit hat ihr besonderes Gesicht."

XI.

Es kamen uns einige Damen auf Bleistiftstöckelschuhen entgegen. „Schwabingerinnen aus dem Neuen Schwabing?", fragte Kathi Kobus. Ehe ich antworten konnte (ich wäre außerdem um eine rechte Antwort verlegen gewesen) sagte Karl Wolfskehl: „Nein, das sind kleine Hürlein." – „Und die hast Du trotz Deines Gewehrs hineingelassen?", eiferte sich die Kathi. „Sie zeigten ja ein Schreiben des Stadtrats vor!", verteidigte sich Karl Wolfskehl. Die Kathi wollte wissen, was der Stadtrat mit Schwabing zu tun hätte. „Hätte schon", erwiderte ich und dann erzählte ich ihr stattdessen, dass auch die alte ‚Brennessel', drüben, wo jetzt die Apotheke ist, in Schutt und Asche gelegen hätte, als wir aus dem zweiten Weltkrieg heimgekehrt wären und dass Schwabing in einem tausendjährigen Dornröschenschlaf gelegen sei – es seien jene tausend Jahre gewesen, von denen ich vorhin gesprochen hätte und wir Schwabinger seien in diesen tausend Jahren den Oberen des Tausendjährigen Reiches etwas suspekt gewesen – einige kamen in Konzentrationslager, andere wichen aus, gingen unter die Soldaten oder ins Ausland, noch andere blieben im Lande und hielten die Schnauze – und dass die alten Schwabinger, die lebend zurückgekehrt seien, sich redlich bemüht hätten, Schwabing aus seinem Dornröschenschlaf zu erwecken. Erst hätten wir, der Gustl Weigert, der Gustl Wiesbeck, der Martin Lankes und ich, die ‚Schwabinger Laterne' angezündet ...

„Ich weiß, der Gustl – der Weigert und der Wiesbeck sind

ja auch bei uns, sie haben mir davon erzählt." – „Ja", fuhr ich fort, „und dann haben die beiden Dir ja auch wohl davon erzählt, dass wir damals in der ‚Seerose' die ersten Faschingsfeste veranstaltet haben, lange bevor die offiziellen Faschingsgesellschaften..." – „Der Knoll, euer letzter Lautensänger, hat mir davon berichtet. Der Rauch aus dem Ventilator der ‚Seerose' hätte wie der Dampf aus einer Lokomotive gewirkt und man hätte die Feuerwehr geholt." – „War halt der Schwabinger Mief, müsstest Du doch eigentlich kennen." – „Und dann hast Du das ‚Monopteross' aufgemacht, wo es ganz unbändig zugegangen sein soll." – „Ja, das war die Zeit, als Schwabing Mangelware war, als das Angebot kleiner und die Nachfrage größer war. Wenn ich dir die Namen sagen würde von denjenigen, die damals für einen Schoppen Wein, aber im Grunde rein aus Spaß an der Freude ihr Bestes zum Besten gaben, dann würdest Du Bauklötze staunen. Ach Kathi, wenn Du damals unsere Wirtin gewesen wärest ... Aber unsere Wirtin legte mehr wert auf Filmstars, auch wenn sie noch so verstaubt waren. Und das ‚Monopteross' hatte inzwischen soviel Äpfel fallen lassen, die alle weit vom Ross gefallen sind, dass wir schon deswegen nicht mehr recht mochten. Wir hatten, ohne es zu wollen, etwas entfesselt, das mit unserem Schwabing nichts mehr zu tun hatte. Wir lebten vom Malen, vom Bildhauern, vom Musizieren und vom Dichten. Davon zu leben ist eine Kunst. Und schon deswegen durften wir uns Künstler nennen. Die Äpfelchen aber, die das ‚Monopteross' hatte fallen lassen, die wollten vom Profit leben und hatten mit Kunst und Künstlern nur wenig mehr zu tun, wie alle die Künstlerkneipen, die wie Pilze aus der Schwabinger Erde schossen. Um vom Profit, von der Konsumation[2] zu leben, braucht es mehr Verstand als Herz. Wir hatten mehr Herz als Verstand. Ach Kathi, wenn *Du* damals unsere Wirtin gewesen wärest, dann würden wir vielleicht noch heute da tingeln. Aber da dem nicht so war, zogen wir uns *wieder* in *die* Keimzelle zurück, aus der nach dem zweiten Weltkrieg Schwabing wieder erstand. Wenn es nun *so* geworden ist, wenn es nun *das* geworden ist, liebe Kathi, was Du vor Dir siehst, so ist das vielleicht unsere unschuldige Schuld – und wir, die wir noch leben, und diejenigen, die in der Zwischenzeit von uns gegangen sind, wir sind möglicherweise unschuldig-schuldige Helden aus einer griechischen Göttertragödie geworden. Wir zogen uns zurück in die einzige Künstlerkneipe, die sich deswegen nicht Künstlerkneipe nennt, weil dort wirklich und wahrhaftig Künstler zu finden sind, in eine Burg ganz am Ende der Feilitzschstraße. Und da führe ich Euch jetzt hin!"

XII.

Wir bogen um die Ecke in die Feilitzschstraße ein. „Es dudelte und dudelte", ließ sich Fred Endrikat vernehmen. Ich wollte der Kathi noch erklären, welche Maler alle mitgeholfen hätten, unser Schwabinger Retiro mit ihren großen Wandbildern zu verzieren, und dass die ‚Kleinen Fische', die bemerkenswertes Kabarett machten, sich jetzt in der Reitschule etabliert hätten und sozusagen Seepferdchen geworden wären, und dass drüben in der Heimhauserstraße in unserem alten ‚Monoptross' sich die ‚Lach- und Schießgesellschaft', ebenfalls ein bemerkenswertes Kabarett, angesiedelt habe und dass die ‚Gisela' mit einem ihrer schönen Beine noch in unserer alten Traumstadt Schwabing stünde (wenngleich das alles unter neuen Aspekten) – nur dass Schwabings neues Gesicht doch noch einige Züge aufweise, die – "

Da traf mich mitten auf der Feilitzschstraße, zwischen den Autos mit den auswärtigen Nummernschildern, der Schlag. Das kann in meinem Alter leicht passieren. „Na, endlich! Jetzt bist Du bei uns mit Deinem albernen Ehrgeiz, die Tradition des alten Schwabing hochzuhalten", sagte Kathi Kobus; und mit einer Hebammengebärde half sie mir. Und als ob es so bestellt gewesen wäre, schlug die Uhr vom nahen Schwabinger Kirchlein eins. – Wahrscheinlich haben mich irgendwelche Leute in eines ihrer Autos gesetzt und wussten dann nicht wohin, möglicherweise haben sie auch die Funkstreife gerufen, vielleicht haben sie mich auch hinter die Theke bei ‚Gisela' gelegt. Aber das ist jetzt ja alles so egal...

Nur, ich hätte gern noch das Gesicht von dem Seerosen-Wirt Schorsch gesehen, wenn ich mit einem unsichtbaren Gefolge in unser Schwabinger Retiro getreten wäre und neunundzwanzig Schoppen Pfälzer und einen vierfachen Steinhäger bestellt hätte: „Du spinnst wohl, Du spinnerter Deifi!" Aber dann hätte die Bedienung (der Schorsch will ja auch leben), die Anni oder wer gerade da war, die neunundzwanzig Schoppen und den vierfachen Steinhäger gebracht und ich hätte mit meinen unsichtbaren Begleitern unter den schönen Bildern gesessen mit denen die Maler der „Silbernen Seerose" die Wände ausstaffiert haben ... die alte Schwabinger Laterne hätte leise geschaukelt in dem Windzug, den die Toten allemal machen, wenn sie wieder erscheinen ... und dem Wirt, dem Schorsch, wäre der Mund offen geblieben, wenn er gesehen hätte, wie sich die Gläser von selbst hoben und ausgeleert wurden ... und er hätte sich fast noch mehr darüber verwundert, in der Reihe der an der Wand hängenden Fotos etliche Rahmen leer zu sehen ... der Gustl Weigert, der Gustl Wiesbeck, der Knoll und der Julius Hüther hätten nämlich bei mir am Tisch gesessen... möglicherweise wäre Marietta noch springlebendig hereingekommen, aber sie hätte angesichts der vielen alten Freunde dicht gehalten. – Ich hätte so gern noch einen Polizisten eintreten sehen: „Meine Herren! Polizeistunde!!" Und ich hätte so gern Karl Wolfskehl sagen hören: „Herr, was geht uns ihre Polizeistunde an? Wir sind Geister!" – Ja, das hätte ich alles so gern ...

XIII.

Aber bei der 800-Jahr-Feier, da werden wir dabei sein. Wir setzen uns auf die Ehrenplätze, ganz vorn, denn wir nehmen ja niemandem einen Platz weg, weil wir keinen Platz mehr brauchen. Die Honoratioren können sich ruhig auf uns setzen. Vielleicht kitzeln wir den Honoratioren an den Nasen, dass sie bei den wichtigsten Stellen ihrer Festreden niesen müssen, vielleicht kneifen wir sie ins Bein oder flüstern ihnen was ins Ohr, dass sie sich versprechen. Aber das muss ich erst noch mit den anderen alten Schwabingern, die nicht mehr sind, bereden.

Vielleicht tun wir von alledem auch gar nichts, weil wir die Münchner Stadt und unser altes Schwabing viel zu lieb haben.

Eröffnungsrede bei der Umsiedlung des Monoptoross

Meine Damen und Herren, hochgeehrte Monoptorösser!

Bei gewissen Krankheiten verordnet der Arzt eine Luftveränderung. Der Patient muss in ein anderes Klima. Der Patient, von dem ich hier spreche, ist das „Monoptoross". Das ‚Monoptoross' war in Gefahr, zu einem Karrengaul herabzusinken, und zwar zu einem Karrengaul, der – so paradox das Bild ist – zu einem Karrengaul, der einen Opel-Kapitän ziehen muss. Sie wissen, von welchem Kapitän ich spreche.

Ein geistreicher Zeitungskritiker sagte einmal von unserer ehemaligen Wirtin, sie sei eine „Viehhändlerin von Natur". Die Betroffene hat diese Kritik als Schmeichelei aufgefasst. Und deshalb darf ich dieser Kritik noch etwas hinzufügen. Es ist eine bekannte Tatsache, dass diejenigen Tiere, die in die Hände von Viehhändlern kommen, meistens geschlachtet, um nicht zu sagen, ausgeschlachtet werden: Kälber, Rinder, Rösser, ja sogar Monoptorösser. (Sie sehen, ich versuche hier die Gründe unseres Umzuges dazulegen.)

Aber ich will nicht ungerecht sein. Mutti Bräu hat allerhand Gutes getan, sie hat den Malern viele Bilder abgekauft, wenn gleich ihr auch die nachschaffenden Künstler, vor allem die Filmstars immer wichtiger und bedeutsamer waren als die schaffenden Maler, von den Dichtern und Schriftstellern und Journalisten ganz abgesehen. Aber nehmt alles nur in allem: Sie war bis zu einem gewissen Grade, und wenn sie dabei ihre eigene Person in das rechte Licht rücken konnte, großzügig und freigiebig was Speis und Trank angeht. Sie bemühte sich schon, eine Künstlermutti zu sein. Aber ihresgleichen war ihr auf die Dauer lieber. Immerhin, wir sind nicht im Bösen mit ihr auseinandergegangen, durchaus nicht.

Unser Umzug ist, wie soll ich sagen, ein Geschehnis. Alle Geschehnisse haben einen Grund und eine Ursache. Oder einen Anlass und einen Grund, wenn Ihnen das lieber ist. Der

Grund, der eigentliche Grund, weswegen wir aus der fiebrig gewordenen ewigen Faschingsatmosphäre des Montmartre-Schwabings umgesiedelt sind, lag tiefer. Ich habe ihn mit den Worten „fiebrig" … „ewiger Faschingsstimmung" und mit den Worten „klarer und kühler" ja bereits angedeutet. Aber das ist noch nicht alles. Ich muss da etwas weiter ausholen.

Die Geschichte der Wiedergeburt Schwabings, die vor anderthalb Jahren etwa vor sich ging, vollzog sich merkwürdigerweise nach denselben Gesetzen, wie die Geburt des Künstlerviertels Montmartre in Paris vor etwa einem halben Jahrhundert. Da waren damals um die Jahrhundertwende einige Maler, Musiker, Dichter, die kamen in einer kleinen Kneipe in einer der schmalen Straßen um die „butte" des Abends zusammen, tratschten miteinander, das heißt, sie führten Gespräche über die Kunst. Man stritt sich, man vertrug sich, man war lustig, man trank, einer hatte eine Laute dabei, man sang – das nächste Mal, bei der nächsten Zusammenkunft in der kleinen Parlotte, wie diese Schenken nach dem Französischen „parlote" – Geklatsch, hießen … hatte der Dichter der Tafelrunde zufällig sein neuestes Opus in der Tasche, er las es vor; beim nächsten Mal hatte der Komponist ebenfalls etwas Neues, das er gerade komponiert hatte, mitgebracht oder er hatte das Gedicht des Dichters inzwischen vertont, es wurde vorgetragen … neue Gäste aus Künstlerkreisen kamen zu der ursprünglichen Tafelrunde, trugen ihrerseits vor … es gebar sich nach und nach so etwas wie ein Programm an den Abenden, an denen die Künstler hier in der Parlotte zusammenkamen …die Sache sprach sich herum … dann kamen Neugierige, die sich von der Laune und der Lebensfreude des ‚fröhlichen Künstlervölkchens' anstecken lassen wollten – und – aus der Parlotte war unversehens eine Art Cabaret geworden.

(Ich muss hier einschieben – Sie wissen ja alle – ‚Cabaret' heißt in seiner ursprünglichen Bedeutung ins Deutsche übersetzt „Teebrett". Es hat dann später im übertragenden Sinn auch im Französischen die Bedeutung ‚Brettl' angenommen. Das Wort will besagen, dass die Bühne, das Podium, auf dem die Vorträge in einer solchen Parlotte stattfanden, nicht größer waren als eben ein Teebrett. In der Fachsprache der Schauspieler heißt eine kleine Bühne auch die Schmiere, das ‚Nudelbrett'. Womit ich übrigens beileibe nicht sagen will, dass Theo Rieglers ‚Nudelbrett' eine Schmiere sei!)

Ob nun Tee- oder Nudelbrett – auf dem Brettl in der Parlotte wurde fortan regulär gebrettelt. Die Konkurrenz schoss wie Pilze aus der Erde. – Sie sehen, ich bin schon mitten in den Vergleichen zwischen der Geburt Montmartres und der Wiedergeburt Schwabings – die sich nach denselben Gesetzen vollzogen – ja, meine Damen und Herren, ich brauche da eigentlich nichts hinzuzufügen, nichts weiter zu erklären. – Sie wissen ja eh' schon, wie es geschah. Und was sich alles etablierte und was sich alles sezessionierte.

Auch das „Monopteross" ist eine Sezession. Eine Sezession der „Schwabinger Laterne", die die Urzelle der Wiedergeburt Schwabings nach diesem Krieg war. Und damit möchte ich unser kleines Podium damit einweihen, dass ich den beiden alten Schwabingern Gustl Weigert und Martin Lankes den noch immer fälligen Dank ausspreche, dass sie das nach dem Tode Papa Steinickes im Jahre 1939 und vor allem nach diesem Krieg etwas still und dunkel gewordene Schwabing wieder zu einer Urständ, wieder ans Licht verholfen haben mit der ‚Schwabinger Laterne', dem ehemaligen Stammtisch der ehemaligen Brennessel.

Die Session wurde dann wieder zu einer Fusion, und heute sitzen wir alle wieder zusammen, der ehemalige Stammtisch der Ehemaligen ... nun ja. – Unsere damalige Session (die dann, wie gesagt, zu einer Fusion, manchmal sogar zu einer Konfusion wurde) war ein wenig durch das Wörtchen „ehemalig" veranlasst. Ich will hier nicht allzu breit werden, wir wollen heute abend ja auch noch etwas anderes hören als Einführungsreden, aber ich möchte doch ganz kurz andeuten, da ich schon mal hier als Historiograph der jüngsten Schwabinger Geschichte fungiere, inwiefern das Wörtchen „ehemalig" in dieser Session eine Rolle gespielt hat.

Etwas Ehemaliges, etwas Vergangenes kann man nicht einfach wieder auferstehen lassen. Es würde nicht in die Zeit hineinpassen.

Das „Monopteross" startete damals vor etwas mehr als einem halben Jahr mit der Ambition, eine Art Kleinkunstbühne zu werden, die ihrer Zeit etwas sagen wollte. Wenn man die Aufgabe einer solchen Kleinkunstbühne , die im Gegensatz zu den vorhin geschilderten Teebrettl's ein Cabaret und kein Amüsierbetrieb sein will, richtig auffasst, dann muss sie ihrer Zeit etwas zu sagen, oder zumindest etwas zur Zeit zu sagen haben. Selbstverständlich keine billigen politischen Witze auf Kosten des Stadtrates oder eines nackt badenden Oberbürgermeisters a.D., das ist ja klar. – Nun, wir riefen also die Jugend. Aber so leid es mir tut, dies hier aussprechen zu müssen: Die Jugend hat nicht viel auszusagen. Möglich, dass wir die falsche Jugend angelockt hatten mit unserer Kleinkunstbühne. Es kamen drei bis vier junge Dichter mit nicht sehr erschütternden Gedichten, es kamen einige junge Leute, die beim Barras in Gefangenenlager-Theatern Moser und Lingen imitiert hatten und die sich nun für Schauspieler hielten. Jedenfalls fast alles, was kam, fragte zuerst: Können Sie mir einen Text geben, können Sie mir was schreiben? – Wir, also die Älteren, sollten die Aussagen zur Zeit für sie machen.

Die Dichter der Jahrhundertwende, die Künstler, die damals hier im „Stefanie" verkehrten, die Dichter, die im goldenen Zeitalter Schwabings lebten vor den beiden Weltkriegen, die waren damals Jeunesse d'orée des Geistes und sie sagten ihrer Zeit etwas. Allerdings hatten sie den Vorteil, dass sie ihre *Verwegenheiten* in die Ruhe eines gesättigten Bürgertums hineindonnerten und sich leicht tun konnten mit dem Epâter les Bourgois.

(Nebenbei, wenn wir Ihnen heute Abend etwas von den Dichtern der Jahrhundertwende bringen, so hat das historische Gründe, die dem Genius Loci entsprechen.)

Das Bürgertum! Das Bürgertum existiert heute nicht mehr.

Und darum hat es die heutige Jugend, wenn sie Epâter des Bourgois spielen will, sehr viel schwerer als die Jeunesse d'orée der Jahrhundertwende.

Aber das Bürgertum existierte auch in *meiner* Jugend, in meiner bereits schon reiferen Jugend, nach dem Ersten Weltkrieg schon nicht mehr. Ich gebe zu, dass die Welt damals nicht so aus den Fugen war, wie sie es nach diesem Kriege war – und ist. Vor 1914 sang Ludwig Scharf mit seinem rostigen Bass zum Erbrechen der Bürger: „Ich bin ein Prolet ..." Wenn er heute Abend hier auf dem Podium stünde und singen würde, ich bin ein Prolet, würden wir wahrscheinlich sagen: „Nun, wenn schon! Wir sind ja im gewissem Sinn alle Proleten." – Heute lockt nicht mal mehr Marcel mit seinen schrägsten Gedichten einen müden Engel oder einen müden Tiger hinter dem Ofen hervor.

Um auf Schwabing als Resonanzboden zurückzukommen: Ich glaube, dass jedes Lebensalter *sein* Schwabing findet. – Damals, als ich vor 30 Jahren aus Westfalen nach München zu Besuch kam und hier hängen blieb, klagte mir Karl Wolfskehl, dass Schwabing tot sei. Ein Jahrzehnt später klagte ich dann neuen Schwabingern, dass Schwabing tot sei. Und dann, nach dem Krieg klagten wir *alle*, dass Schwabing tot sei. Und dabei lebt Schwabing, das Phänomen Schwabing lustig weiter trotz aller Totenklagen.

Schwabing wird niemals tot sein, solange es eine Jugend gibt, die den eigenartigen Rhythmus dieser Atmosphäre, dieses „Trotzdem" miterleben kann. Was eben den Schwabinger ausmacht. Heute ist es nicht mehr der schlawienernde Müßiggang, die schlamperte, zur Schau getragene Ungepflegtheit, die sich als Originalität gibt, was den Schwabinger ausmacht. Lange Haare und schmutzige Füße genügen nicht mehr. Gustl Weigert hat damals bei der Eröffnung der ‚Schwabinger Laterne' in treffenden Worten umrissen, dass gerade die echten Schwabinger etwas leisten, dass sie arbeiten.

In der Hitlerzeit war man als Schwabinger suspekt. Und

darum hat es mich außerordentlich sonderbar berührt, dass neulich ein ziemlich bekannter Mann, der heute einen öffentlichen Posten einnimmt, ein Mann, der ehe er eine Villa in Harlaching oder in Geiselgasteig bezog, in Schwabing ansässig war, – in einem Interview, einem Zeitungsinterview so sehr von Schwabing abrückte, also in die hitlerschen Vorurteile gegen Schwabing und die Schwabinger zurückfiel. „Der Himmel bewahre mich vor den 60 bis 70-jährigen Immer-noch-Schwabingern!" rief, er in diesem Interview aus. Er wirft also den 60 bis 70-jährigen Schwabingern ihr Alter vor und gleichzeitig wirft er ihnen vor, dass sie sich – als Immer-noch-Schwabinger ihre Jugend bewahrt haben! – Jedenfalls können wir Schwabinger dem betreffenden Herrn nicht vorwerfen, dass er sich seine Jugend und damit seinen Humor bewahrt hat, sonst *hätte* er nämlich Humor und könnte mit uns über sich lachen. So aber müssen wir ohne ihn über ihn lachen.

Es ist nämlich eine der schönsten Eigenschaften der alten Schwabinger, dass sie sich ihre Jugend bewahren können und deshalb auch mit der Zeit gehen können. Das Rezept dafür sei hier verraten: Es lautet: Man nehme – sich selber nicht so tierisch ernst.

Aber ich will wieder auf die Geschichte Schwabings und auf die Parallelen zwischen Schwabing und Montmartre zurückkommen. Die Geschichte, das was wir Geschichte nennen, läuft heute schneller als vor 50 Jahren. Auf Montmartre in Paris dauerte es immerhin seine 15 Jahre, ehe das improvisierte Treiben der Künstler zu einer industriellen Ausnutzung führte. Hier in Montmartre-Schwabing vollzog sich das in einem einzigen Fasching. Als im vorigen Fasching noch aufgestaute Lebensfreude war, das war, seien wir ehrlich, in diesem Fasching mit seinem organisierten Trubel vielfach Krampf. (Wenn ich auch sagen muß, dass ich mich persönlich sehr gut amüsiert habe.)

Wenn ich jetzt aus diesem Buch, das sich mit der Geschichte des Montmartre befasst, zitiere, so ziehe ich nicht Parallelen, sondern überlasse es dem Autor dieses Buches, das um 1900 erschien, zu prophezeien.

Es heißt hier: „Auf dem Montmartre trug bereits alles den Stempel des Unterganges: Talent ohne Ordnung, Geist ohne Gestaltungskraft, Sinnenleben ohne Frohsinn ...

Werden wir (so fragt sich der Verfasser bang) jenseits der Seine (wenn ich tatsächlich Parallelen zöge, so hätte ich jetzt gesagt: „Jenseits des Siegestores", nicht wahr?) jenseits der Seine die echte Fröhlichkeit antreffen? ..."

Und dann hebt der Verfasser einen Absatz an mit den feierlichen Worten. Poesieumwoben wie kein anderer Stadtteil von Paris, wie vielleicht kein Stadtteil in der Welt, ist der Quartier Latin ... „Im Quartier Latin studierten, liebten, zechten die Studenten und die Bohemiens, die echten und die unechten, die freiwilligen und die unfreiwilligen. Bei „Soufflet" und „Vachette" (altberühmte Namen!) zu beiden Seiten der Rue des Ecoles verkehrten die Professoren und die Privatgelehrten, die gesetzten Männer aus bürgerlichen Berufen, die zur Kunst in Beziehung standen, die ausländischen Studenten, die viel Geld hatten. Nebenan in der Taverne „Lorraine" mit den grünen Laternen sah man die Studentinnen. Meistens waren es Studentinnen der Liebe, die schon ausstudiert hatten. Im „Café d'Harcourt" herrschte dauernd Hochbetrieb aus allen Schichten. In der Taverne „Du Panthéon" ging es etwas vornehmer zu. Neben den Studenten verkehrten hier auch viele Ehepaare, echte und unechte (wie der Verfasser schalkhaft bemerkt) ... "

All diese und andere Kneipen, Cafés, Wirtschaften, entsprachen, wenn ich sie auf das Münchner Quartier Latin, also auf die Gegend hier ringsum übersetzen soll, dem früheren „Grünen Schiff", dem „Bunten Vogel", der „Dichtelei", der „Akropolis", der „Diana", den beiden „Osterien" (Bavaria und Italiana vom alten Lombardi), dem „Papa Steinicke" und so weiter.

Sein ganz besonderes Publikum im Pariser Quartier Latin aber hatten die „Closerie des Lilas" und das „Café Procope". Hier waren die Künstler und Kunstfreunde zu finden, die Maler, die Musiker, die Dichter, die Kunsthändler, die Architekten, die Journalisten, die Schauspieler – kurz alle Leute, die ausübend oder genießend etwas von der Kunst verstanden. Diese beiden Etablissements entsprachen ungefähr dem „Café Universität" (dem Trümmerhaufen hier gegenüber) und dem „Café Stefanie", dem bescheidenen Neubau, in dem wir heute sitzen. Nicht anders als im „Café Procope" entwarfen hier im „Café Größenwahn", das übrigens viel eher als das „Romanische Café" in Berlin „Café Größenwahn" hieß, an den Marmortischen mit den schweren gusseisernen Füßen mit Baretten angetane Maler – (Barett heute schon wieder da! Nichts Neues unter der Sonne.) – nie ausgeführte Farbensymphonien, die die Welt in Atem halten sollten, Musiker hatten nie zuvor gehörte Opernwerke im Kopf, Dichter fantasierten Werke, in denen sie die unfassbarsten Gefühle ausdrücken wollten. Was dann nachher in Wirklichkeit herauskam – war zum Teil dennoch recht achtbar. Viele Namen der, die hier in der vergangenen Marmor- und Stuckpracht lebten und schufen, sind in die Literatur-, und die Kunst-, in die Musikgeschichte eingegangen. Ich kann hier unmöglich alle Namen aufzählen. Wir wollen nachher unser Programm mit einer kleinen – wenn ich so sagen darf – *Revue* beginnen, in der einige der später prominent oder bekannt gewordenen Dichter rezitiert werden sollen. Diese Revue ist, wie ja schon der Name besagt, als Rückschau gedacht – meine Damen und Herren, verzeihen Sie mir, ich kann der Versuchung nicht widerstehen, einen persönlichen Rückblick zu tun: Vor dreißig Jahren schrieb ich hier teils an einem teils auf einem Marmortisch (das war billiger als Papier) ein expressionistisches Drama, das zum Glück niemals aufgeführt worden ist. Es führte den Titel: „Wirbelnder Stillstand", ein bezeichnender Titel, wenn ich so mein Leben überschaue, in dem ein Mädchen, damals hieß es *das* Mädchen, knieend mit erhobenen Händen den Tod anzuschreien hatte:

‚Gib mir Dein Bahrtuch Tod,
dass ich's dem nackten Tage,
der zwischen Aufgang stolpernd hetzt und Niedergang,
dass ich's dem nackten Tage um die Blößen lege.'

In unserer Revue nachher kommen, das kann ich Ihnen zu Ihrer Beruhigung sagen, nur die prominent Gewordenen zu Worte. Mit besseren Gedichten. Wir befinden uns hier, ich glaube, ich sagte es – auf historischen Boden. Der Genius Loci verpflichtet. Wir werden unsere Programme nicht mehr als bisher über den Daumen peilen können. Wir wollen vor allem die Jugend zu Worte kommen lassen – wenn sie sich zu Worte meldet. Ringelnatz und Endrikat, die beiden Hausheiligen der Kleinkunstbühnen, sollen bei uns endlich mal Erholungsferien haben.

Der historische Boden verpflichtet aber nicht nur das „Monopteross", sondern auch den Wirt und die Wirtin. – Meine Damen und Herren, soweit Sie Frau und Herrn Bosch noch nicht kennen sollten, darf ich bekannt machen – Herr und Frau Bosch – das „Monopteross".

Herr und Frau Bosch werden sich bemühen, an Küche und Keller das Beste zu bieten. So weit ich die beiden kenne, haben sie beide nicht den Ehrgeiz, als Künstlermutti oder Künstlervati zu wirken, sondern vielmehr für unser leibliches Wohl zu zivilen Preisen zu sorgen. – Ich sagte eben, ich weiß nicht, ob Sie es gehört haben, dass das „Café Procope" in Paris, also dem Pariser „Café Stefanie", ein besonderes Publikum gehabt hat. Wollen *Sie* beide – und das „Café Stefanie" hat zumindest mit dem Monopteross und dem Tukankreis, der hier an den Montagen residiert – wir an den Dienstagen, an jedem Mittwoch, Donnertag (unseren jeweiligen Vortragsabenden) und Freitags – wollen Sie – und das „Café Stefanie" wird wieder, wie einst, sein besonderes Publikum haben. Unsere Wirtsleute haben weder Kosten noch Mühen gescheut, um uns unser Heim so nett als möglich zu machen.

Die beiden Künstler, die unseren neuen Laden ausgemalt haben und die berechtigterweise auf ihren frenetischen Beifall warten, sind Christl Bachmeir und Willi Kruse. Kimmt's aufi!

Meine Damen und Herren, unser Wappentier ist das „Monopteross". Unsere Wappenblumen sind die „Roßkastanie" und der „Monoptorosmarin". Unsere „Farbe", mit der unsere Maler diesen Himmel hier angestrichen haben, ist „Monopterossrot"; nicht die Farbe des Rostes, des Eisenoxyds, sondern die Farbe einer gemäßigten Begeisterung, die sanfte Glut eines Rostes, auf der – Schmankerln gebraten werden, literarische, musikalische...

Das „Monopteross" ist eine Künsterlervereinigung, eine Vereinigung von Lebenskünstlern. Die einen machen das Leben zur Kunst, die anderen machen die Kunst zum Leben.

Und deshalb treffen wir uns alle in der berühmten Mitte, wo die – Wahrheit liegt.

Wir wollen uns nicht tierisch ernst nehmen, sondern menschlich lustig.

Mögen – jetzt muss ja ein Satz kommen mit „möge" – mögen wir uns alle wohl fühlen in dem neuen Stall.

Das Chanson und der Bourgois

Ich weiß nicht viel über das Chanson[1]. Gerade deshalb hat man wahrscheinlich mich aufgefordert. Ich habe mir zuerst überlegt, ob ich nicht einfach ein Chanson über das Chanson schreiben soll; aber es ist gar nicht so einfach, ein Chanson zu schreiben, zumal ein Chanson über das Chanson.

Es gab eine Zeit, da war das Chanson eine abendfüllende Darbietung. Das französische Nationalepos „Chanson de Roland", das Rolandslied. Es wurde am Ende des elften Jahrhunderts verfasst. Das ist schon lange her. Über neunhundert Jahre. Seitdem hat sich vieles geändert. Auch das Chanson.

Wenn ich mit einem bisschen Lexikon-Wissen dienen darf: Das Wort „Chanson" kommt vom Italienischen „Canzone" her. Später hießen die Chansons in Italien „Frottala" (Früchtchen), woher hinwiederum der süddeutsche Ausdruck „frozzeln" (jemanden freundlich necken) stammt. Die Frottalas waren nämlich kleine, harmlose Spottlieder.

Was wir heute unter „Chanson" verstehen, das war – das war seinerzeit eng mit dem Begriff „Frou-frou" verbunden. Man muss schon über sechzig Jahre alt sein, um zu wissen, was „Frou-frou" ist. „Frou-frou" ist das Rauschen rüschenraschelnder seidener Jupons. Jupons sind Unterröcke. „Frou-frou" ist Chambre separeé, sind die ersten Anfänge von Montmartre in den neunziger Jahren des vorigen Jahrhunderts und einiges andere Französische. Damals sang man in den Parlottes am Place du Tertre oder am Place Clichy die ersten Chansons. Dichter, die rein aus Laune ihre Gedichte vortrugen, begleitet am verstimmten Klavier aus dem Stegreif von einem Musiker, und dargeboten den zufällig anwesenden Gästen. Etwas später kam das deutsche Chanson.

Es gehörte allerhand Empfangsbereitschaft dazu, ein deutsches Chanson anzuhören. In einem heute verschollenen Bändchen Chansons, das im Jahre 1901 binnen kurzer Zeit seine vierzigste (!) Auflage erlebte (das waren noch Zeiten, als leichte Lyrik vierzig Auflagen erlebte!), steht als Vorrede: „Meine liebe, teure und unbeschreiblich blonde gnädige Frau, Herrin und Gebieterin! Stellen Sie sich bitte einmal vor, Sie säßen in einem mit himmelblauer Seide austapezierten Pavillon, hätten ein weißes Mullkleid an, das von rosafarbenen Schleifen gerafft, also kurz wäre, dazu einen Florentiner Strohhut auf mit langen, langen suivrez-moi-Bändern; Ihre Schuhe, weiß atlassen, hätten hohe, rote Stöckel, Ihre Strümpfe (oh, hm! hm!) wären fleischfarben und von veilchenblauen Zwickeln flankiert – und ich käme, links mit einem Spitzentaschentuche und rechts mit einem kleinen, roten Buche winkend. Und nun winkten Sie auch recht lebhaft und fröhlich und riefen: ‚Ah, les Chansons nouvelles, mon cher, ne est ce pas? Enfin!' Und nun führten Sie die goldene Stielbrille ans Auge und begännen sofort zu blättern, zu naschen, zu lesen, und die kleinen heiteren Refrains flögen von ihren frischen Kirschenlippen auf und jagten sich zwischen den vergoldeten Liebesgöttchen über den Spiegeln und Fensterbögen ..."

Nicht wahr, da ist alles drin? – Der Vorredner entschuldigt sich dann noch bei der unbeschreiblich blonden Herrin und Gebieterin für die „verwegenen Töne", die in den Chansons angeschlagen werden und schließt mit den Worten: „Und nun also die feine Nase ins rote Tuch, Marquise, und seien Sie eine huldreiche Leserin! Ich küsse Ihnen die kleine Hand, solange Sie es erlauben, und ich bin der gehorsame Diener Ihrer Schönheit und Güte Otto Julius Bierbaum."

Er selbst war der Herausgeber dieses Chansons-Bändchens. Die Chansonsänger waren Richard Dehmel, Ludwig Finckh, Arno Holz, Rudolf Alexander Schröder, Bierbaum selbst natürlich, Wolzogen, Gustav Falke, Liliencron und Wedekind.

Bierbaum eröffnet den Reigen. Er ist seiner unwahrscheinlich blonden Herrin sofort nach der Vorrede untreu geworden und lässt sich zum Tee einladen. „Fräulein Gigerlette / Lud mich ein zum Thee./ Ihre Toilette / War gestimmt auf Schnee./ Ganz wie Pierette / War sie angetan./ Selbst ein Mönch, ich wette / Sähe Gigerlette / Wohlgefällig an." – Ja, und dann haben sie im Verlauf der weiteren Strophen doch keinen Tee getrunken, sondern sind „im Trab mit Vieren zu zweit ins Land gefahren", und es saß „beim Kutschieren, mit den heißen Vieren, Amor hinten auf". (Amor reimt sich auf nichts, es sei denn auf Marmor – aber das ist ein Druckfehler, es müsste Marmor heißen; und weil sich der kleine Bogenschütze auf nichts reimt, ist Amor in den heutigen Schlagern, die von manchen fälschlicherweise als Nachfolger der damaligen Chansons angesehen werden, abgeschafft. Er spukt nur noch in alteingesessenen, nicht ausgebombten Altwohnungen an gemalten Treppenhausfensterscheiben.)

Werner Finck bedichtet sein Bett: „Ein Mensch, der liegt, kann nicht mehr fallen. . .", nein, halt, es ist ja der Finckh mit h, der Ludwig Finckh, von dem hier gesprochen wird. Und der hatte es gar nicht mit dem Bett, sondern mehr mit der Sehnsucht. Er schrieb um die Jahrhundertwende: „Deinen Schleier leg an, Marlette! / Da blitzen für den Beschauer / Deine stahlblauen Augen / Noch tausend mal blauer – / Les fleurs sont tes soeurs, Marlette!" – Er jauchzt in seinen Chansons Juchzer wie „Teiseratand!" Und um den Chansonetten (Chansonette – laut Lexikon: „Sängerin von Liedern, meist frivoler Art.") (Frage: Wer? Die Lieder? Die Chansonetten?), und um den Chansonetten Gelegenheit zu verführerischen Attitüden zu geben, wob er in seine Chansons Zeilen ein, wie: „Klingeklarei, leise mit Klingeklarei." (Oh, wie lange ist es schon her, ist das lange schon her! Das war um die Zeit, als Mary Irber und Marya Delvard – wer außer ganz, ganz alten Schwabingern kennt die beiden noch? – blutjunger Nachwuchs waren!)

Auch Richard Dehmel war für längere Vorbereitungen in der Liebe. Es war ja die Zeit des „hochgewölbten Herzgerüstes", wie Busch das Korsett bezeichnet. Und das dauerte, meine Herren, das dauerte! Richard Dehmel fordert in seinem Chanson „Entbietung" die Geliebte auf, sich zur Nacht zu dekorieren: „Schmück Dir das Haar mit wildem Mohn – / Die Nacht ist da ... "/ Wir wollen nicht lächeln. Über Richard Dehmel schon gar nicht. Aber es ist schwer, ernst zu bleiben, wenn man sich vorstellt, wie die Geliebte sich wilden Mohn ins Haar flicht, weil die Nacht naht. Dehmels Chanson „Nicht doch" (Nicht, doch!) stellt geringere Ansprüche an die Geliebte. Da tritt der möblierte Zimmerherr (anders kann man sich das gar nicht vorstellen), vor wenigen Augenblicken gerade die Schnurbartbinde abgenommen habend, mit der Laute in die gute Stube der Zimmervermieterin, wo er deren Töchterlein weiß, und singt: „Mädel lass das Stricken, geh, / Thu den Strumpf beiseite heute ... "/ Bierbaum entschuldigt sich in der Vorrede wegen der „Kecken Töne der Chansons". Bitte, das Mädel hat, wie in der letzten Strophe des Dehmel-Chansons mitgeteilt wird, nicht nur den Strumpf, sondern auch sonst noch allerhand beiseite getan. Aber zuerst hat das Mädel aber doch ein bisschen geweint. Und dann ... Bert Brecht lässt seine Polly singen: „Da kann man sich doch nicht einfach so hinlegen ..." Aber zu Dehmels Zeiten, da konnten sich die Mädchen noch nicht so präzise ausdrücken. Die Männer hingegen, die Männer – „Die Feder am Sturmhut in Spiel und Gefahren – halli und hallo!" – Detlev von Liliencron. Kennen sicherlich die jüngeren Jahrgänge auch noch, das Chanson. Unvergesslich ist mir älterem Jahrgang die Szene, wenn Peter von der Osten (oder war es Ludwig Hart?) – es war so um neunzehnhundertvierundzwanzig herum, also zu einer Zeit, als das Chanson schon nicht mehr lebte – die „Simpl"-Bühne betrat, mit der Feder am Sturmhut, und bei der letzten Zeile: „Wein her, zum Henker, und da liegt Trumpf-As! Halli *und* hallo!", sagte und das Trumpf-As aus der Hosentasche zog und auf den Tisch knallte, dass die ganze Bude wackelte. Arno Holz hatte es in seinen Chansons mehr mit den sanften Tönen. Bei ihm spielt der „Ringelrangelrosenkranz", dessen sich dann die Wandervogelmädchen kurz darauf annahmen, eine große Rolle.

Rudolf Alexander Schröder war in seinen Leichte-Muse-Liedern der Preise der Märchendamen (Damen), der „Frau von der Malogne", der „holden Frau Zibidill", der „Snobdame Frau Malupran", der „reizenden Geschwister Dimotant, die ein so vornehmes Haus machten, dass sie eines Abends von Gendarmen abgeholt und dorthin geführt wurden, von wo sie nicht mehr wiederkamen." Es waren Hochstaplerinnen, die reizenden Geschwister Dimotant. Frank Wedekind kam den Leuten noch krimineller. Er hat bekanntlich in einem seiner Chansons seine Tante geschlachtet. Er kam den Leuten als Bürgerschreck.

Wenn heute Wedekind zur Laute singen würde: „Ich hab meine Tante geschlachtet / Meine Tante war alt und schwach ..."/ oder wenn heute Ludwig Scharf, einen Stuhl nach sich ziehend, auf das Kabarettpodium hinken und die Leute anbrüllen würde: „Ich bin ein Prolet!", dann würden die Leute sagen: „Ja, und?" Es gibt heute keine Bürger mehr. Wenigstens keine Bürger, mit denen man „Epâter les bourgeois" spielen kann. Die Bürger haben in den letzten zwanzig Jahren soviel über sich ergehen lassen, dass man sie so leicht nicht erschrecken kann. Zumindestens nicht mit einem Chanson. Das Chanson hat seine Zeit gehabt. Und die Zeit hat ihr Chanson gehabt. Die heutige Zeit hat Dali, Picasso, Sartre und Brecht. Und diese spielen „Epâter les snobs".

Unter den Dächern von Schwabing
Ein Selbstportrait[1]

Mein Vater stammte aus Westfalen, meine Mutter hatte französisches Blut. Mein Lebenspendel hat also einen weiten Weg von Pol zu Pol.

Ich war nacheinander (zuweilen miteinander): Säugling, Kind, Schüler, Gymnasiast, Apothekeneleve, Soldat, stud. phil., Pressereferent, Schmierenschauspieler, Herausgeber zweier Zeitschriften, Theaterdramaturg – Übersetzer, freier Schriftsteller, Regisseur, freier Schriftsteller, Kabarettist, Rundfunkautor, Ehemann, Rundfunkdramaturg, Soldat, Lektor, freier Schriftsteller. Die einzelnen Etappen dieses Lebenslaufes legte ich in wechselnden Zeiträumen zurück. Die Zäsur (–) bedeutet den Zeitpunkt[2], an dem ich von Westfalen nach Bayern wechselte. In einem Fasching kam ich zu einem Verlegerbesuch nach München, fand hier alles verwirklicht, was ich in meiner Kindheit an westfälischem Barock als Traum erlebt hatte und blieb hängen.

Damals waren wir voll Tatendrang. Voll von verdrängtem Tatendrang. Voll von unserem Tatendrang, den wir auf den Schlachtfeldern (Schlachtfeldern!) nicht ausführen konnten. Und deswegen gingen wir damals nach dem ersten Weltkrieg hin und gründeten erst „Das Reagenzglas", eine Zeitschrift, die auf Schreibmaschinenpapier abgezogen war, und dann die „Weißen-Raben-Blätter". Es standen so schöne Ergüsse drin, denn wir waren junge, sehr junge Menschen damals, aber ich habe kein Stück mehr davon – alles verbombt!

Das war also im Jahre 1922, und dann kamen die Schwabinger Jahre mit Karl Wolfskehl, dem König von Schwabing, dem ich für meinen literarischen Werdegang viel zu verdanken habe; mit Stefan George und Rilke – allerdings nur aus entfernter Verehrung, wenngleich auch mit gelegentlichen Zusammentreffen; nähere Bekanntschaft mit Max Halbe, Freundschaften mit berühmten Schwabingern wie C. G. Maassen, Julius Kreis, Mitwirkung im Simplicissimus bei der berühmten Kathi Kobus, dann die Geschichte des „Simplicissimus" mitgemacht – an der Zeitschrift „Simplicissimus" habe ich seit 1916 mitgearbeitet bis zum Verbot dieser Zeitschrift.

1930 machten wir ein Hobby-Kabarett auf in der Barerstraße und bekamen von Herrn von Weber, dem Sohn des verstorbenen Herausgebers der Zeitschrift „Der Zwiebelfisch", die Erlaubnis, diesen Titel als Firmenschild zu führen. Jeden Nachmittag saßen wir von drei Uhr ab in dem Lokal, schrieben, komponierten, probten – um abends jedes Mal mit einem neuen Programm aufwarten zu können. Ohne Eintritt zu nehmen. Der Wirt gab uns freies Essen und Saufen. Welch letzteres wir weidlich ausnutzten.

1947 gründete ich mit einigen bekannten Schauspielern die „Schwabinger Laterne", ebenfalls ein *Hobby-Kabarett*, wir gaben aber nur einen Abend in der Woche, und 1948 gründete ich mit jungen Studenten das ziemlich berühmt gewordene „Monopteros", auch ein Hobby und auch nur einmal in der Woche. Alles, was Rang und Namen hatte in Nord- und Süd- und Westdeutschland, kam dorthin. Und selbst die allerberühmtesten Schauspieler und Schauspielerinnen, die alle gerne mitmachten, bekamen als Honorar nur einen Schoppen Wein und ein sogenanntes Künstleressen, das meistens aus einem Teller Gulaschsuppe bestand. Diese Abende sind aus der Geschichte Schwabings, an der ich in vielerlei Weise in den nunmehr 36 Jahren, in denen ich hier meine Behausung habe, teilnehmen durfte, nicht wegzudenken.

Meine Schwabinger Wohnungen behielt ich auch, wenn ich mal was anders tat, zum Beispiel zwei Spielzeiten am Weimarer Nationaltheater verbrachte oder wenn ich in England Regie führte oder wenn ich auf Mallorca mit einem Zoologieprofessor und einem Biologieprofessor Studien über das Alarmsystem der dortigen Ameisen trieb. In Frankreich habe ich meistens gefaulenzt und in der Sonne gelegen. Man konnte um die damalige Zeit für eine einzige Kurzgeschichte (für den „Simpl" oder die „Jugend") einen ganzen Monat dort leben. Alle meine Schwabinger Wohnungen waren nahe dem Himmel. Immer mindestens im vierten Stock.

Soweit über meine Kabarett- und Theatertätigkeiten und über meine Reisen. Am häufigsten war ich in England. Dreiundzwanzig Mal.

Von meinen Übersetzungen (deren viele auch in Zeitungen und Zeitschriften erschienen) sind als Bücher zu erwähnen: „Mystische Lyrik aus dem indischen Mittelalter" (Sanskrit und Pakrit), „Geschichte Karls des XII." von Voltaire (aus dem Französischen); „Tartuffe" von Molière (die einzige Übertragung im Originalversmaß); „Shakuntala" von Kalidasa (unter Zuhilfenahme von englischen und französischen Texten): „Masken in Venedig", Lustspiel von C.D. Gribble (aus dem Englischen); altrussische Kirchenlieder.

Alle diese Bücher sind in namhaften Verlagen erschienen, u.a. bei Eugen Diederichs, Jena, – sind aber alle vergriffen. Es sind zum Teil Nachdichtungen, die sehr viel Einfühlungsvermögen verlangten.

Halt, da habe ich noch einen dicken Wälzer vergessen, den ich voriges Jahr unter viel Schweißvergießen übertragen habe: Die „Initiation" von A.A. Bailey (aus dem Amerikanischen). – Und ein zweites Buch, das bei Ullstein herauskommen soll, aber da es noch nicht heraus ist, wollen wir es besser noch unerwähnt lassen[3].

1936 hatte ich die Uraufführung eines meiner Stücke an den

Städtischen Bühnen in Köln[4]. Von 1928-41 war ich hauptsächlich für den Rundfunk tätig und zwar zuletzt als Chefdramaturg und Oberspielleiter am Deutschlandsender. Flog dann aber raus. Weil ich nicht *tragbar* war. Hatte u.a. 1928 einen eigenen Gedichtband veröffentlicht mit dem Titel „Das vierte Reich" (ein Buch, das mit Politik nichts zu tun hatte, sondern metaphysisch zu werten war – aber ich hatte es mit dessen Einverständnis Albert Einstein gewidmet – und dessenhalb!). Habe unendlich viele Hörspiele, *Bunte Abende* und ähnliches geschrieben und viele Hunderte von Malen selber vor dem Mikrophon gestanden.

Nachdem ich auch den Zweiten Weltkrieg noch habe mitmachen müssen (die beiden blödsinnigen Kriege haben mich elf Jahre meines Lebens gekostet, wichtige Entwicklungs- und Reifejahre, und ich bin sechsmal verwundet worden), habe ich dem Rundfunk Valet gesagt, weil ich das Bücherschreiben für wichtiger halte.

Ich habe mich ganz nach Schwabing zurückgezogen, sitze hier oben über den Dächern – sinniere, ob sich all das Dichten und Trachten wohl gelohnt hat, sage zu vielem „Ja", zu dem ich früher „Nein" gesagt habe, und zu vielem „Nein", zu dem ich früher „Ja" gesagt habe, und möchte nun noch in einem letzten Gedichtband, der den Titel haben soll: „Vergebliche Frömmigkeit – lasset uns dennoch beten!"[5] einen Ausgleich finden. Vorausgegangen sind „In der Traumstadt", „Dr. Enzian", „Flower Tales" und „Wir sanften Irren", alle vier im Stahlberg Verlag, außerdem drei „Seemännchen"[6] bei Klemm und das „Lalebuch"[7] bei Woldemar Klein.

Ich spiele gern, mit Worten, mit Klang, mit Farbe. Sonderbarerweise kommt in dies Spielen immer „von selbst" ein tieferer Sinn hinein. Ich bin dann stets erstaunt. Staunenkönnen muss wohl eine Voraussetzung für künstlerisches Schaffen sein.

Die Traumstadt

Die Traumstadt liegt in der Provinz Dämmerungen. Die städtischen Uhren und auch die Uhren der Bewohner zeigen ganz verschiedene Zeiten. Wer Wert auf genaue Zeit legt, muss sie auf der Monduhr am Rathaus ablesen. Aber auch sie geht manchmal vor und manchmal nach. Es ist eben nichts zeitgemäß in der Traumstadt. Da fahren zum Beispiel noch Hochräder mit Hochradlern über das Kopfsteinpflaster der Jambengasse und weichen breitbusigen Straßenkreuzern nicht aus, weil sie einfach durch sie hindurchfahren. Da streunen nachts grünäugige Kater durch die Alleen und die Bäume neigen sich, auf dass die Kater leichter in ihre Kronen steigen können. Und haben dann einen Kater in der Krone, um es den Menschen gleich zu tun, die nach unmäßigen Zechen morgens in der Gosse erwachen. Aber diese Vorstellung haben die Bäume aus anderen Städten, aus denen sie in die Traumstadt verpflanzt wurden. Wenn sie lange genug in der Avenida Kalibahn gestanden sind, werden sie sich das abgewöhnt haben, sie werden aufrecht stehen bleiben und den grünäugigen Katern Mühe machen, schlafende Singvögel zu fressen. Die Kater in der Traumstadt hätten es auch gar nicht nötig, denn sie bekommen von ihren Herrschaften in der Traumstadt zum Frühstück, zum Mittagessen und zum Souper solche Leckerbissen wie keine Katzen in der Welt. Hummer ist das mindeste.

Es gibt nur eine einzige Kirche in der Traumstadt. Die heißt Sankt Lünivers. Sie hat – genau gezählt hat sie noch keiner – ungefähr dreitausendfünfhundert Eingänge. Dabei ist sie so klein wie eine Zigarrenschachtel. Aber es gehen mindestens dreihundert Milliarden Seelen hinein. Von den Ungläubigen, die sich dazwischen drängen, ganz zu schweigen.

Auch einen Friedhof haben wir in der Traumstadt. Aber da liegen keine Verstorbenen. Sondern vergessene Dichter und

Komponisten, von denen kein (Sender – Lenker?) meldet, weil sie zu geschäftsuntüchtig waren. Ihnen zu Ehren veranstalten wir manchmal Vorlesungen, Ausstellungen und Konzerte. In den Hinterzimmern der gemütlichen Kneipen der Traumstadt, da geht es (fast geisterhaft) still zu.

Man braucht nicht viel Worte zu machen an den Stammtischen. Überall sind die Zechgenossen einer Meinung, auch die Oppositionisten. Kein Schauspieler gerät mit seinem Kritiker in die Haare, kein junger Mann glaubt, sich einem älteren gegenüber durchsetzen zu müssen.

Die Traumstadtbewohner wollen gar keine Persönlichkeiten sein. Sie geben sich ihrer Natur nach, wie sie sind: Natürlich. Sie „wahren nicht ihr Gesicht", weil sie ihr wahres Gesicht offen zeigen. Nun haben es die Traumstädter allerdings leichter als andere Menschen. Denn es sind durch die Bank gute Menschen, die in unserer Siedlung zu Hause sind.

Eifersucht kennt man in der Traumstadt nicht. Das ist allerdings für einen, der Nicht-Traumstädter ist, schwer zu beschreiben.

Das Nachtleben in der Traumstadt ist selbstverständlich sehr rege, um nicht zu sagen beträchtlich. Aber es kommt nichts davon in die Presse. Denn das Nachtleben in der Traumstadt findet sozusagen ganz intern, ganz privat hinter sorgsam zugezogenen Gardinen in den abgedunkelten Schlafzimmern statt.

In der Traumstadt haben wir keine Polizei, weil wir keine brauchen. Dass wir in der Traumstadt keine Vergnügungssteuer zu bezahlen brauchen, geht schon aus der Tatsache hervor, dass in der Traumstadt absolute Steuerfreiheit auf sämtlichen Steuersektoren herrscht.

Für die Fremden haben wir die einzige Exklusivbar „Rialtissimo". Vor der steht als Ehrenoberportier Herr H.G. – ein Mann mit einer unbetrügbaren Menschenkenntnis, der jedem Fremdling, oder besser gesagt jedem Eindringling oder noch besser gesagt jedem Zudringlingen unsere Bezirke mit sanfter Miene eine Rückfahrkarte in ihr Land der harten Tatsachen in die Hand drückt.

Bei uns in der Traumstadt nehmen alle Kinder alles wörtlich: Das Christkind, den Weihnachtsmann, den Osterhasen. Dem kleinen Paul haben wir allerdings lange ausreden müssen, dass es sein Vater war, der vor der Glastür des Kinderzimmers als Christkind mit einer Glocke bimmelte.

Manchmal sprechen wir in der Traumstadt über die Dinge, die heute und morgen draußen außerhalb unserer Stadtmauern als „brennende Probleme" bezeichnet werden. Zum Beispiel schnitt neulich der Herr Konfusionsrat a.D. Eugen Hofermeier das Thema „Entwicklungshilfe" an. Als der Herr Ehrenamtmann Dr. Flügel ihn fragte: „Entwickeln zu was? Zu welcher Entwicklung, zu was für einer Art von Entwicklung?" da wies der Herr Konfusionsrat auf die in seinem Haus befindliche afrikanische Speer- und Schildersammlung hin – und, ja dann erwiderte der Herr Konfusionsrat: „Zur Entwicklung aus der Primitivität": Nun wir wussten alle, dass der Herr Dr. Hofermeier zu Hause eine Sammlung afrikanischer Speere und Schilde besaß. Das genügte uns.

An Ärzten haben wir in der Traumstadt nur einen einzigen. Einen biederen Landarzt, der fünf Spezialärzte ersetzt, weil er der vernünftigen Ansicht huldigt, dass gegen den Tod kein Kraut gewachsen sei. Deswegen haben wir unsere Apotheke (ein stattliches und weiträumiges Barockhaus) in ein Altersheim umgewandelt mit ganz vorzüglicher Küche und einem sehr gepflegten Keller, dessen häufigster Besucher unser ehemaliger Apotheker, ein wohlerhaltener Achtziger, ist.

Ab und zu kommt ein Psychoanalytiker, der Dr. Alprausch, in unsere Traumstadt. Angeblich studienhalber. Er macht einen etwas zerrissenen Eindruck. Denn er ist dabei, Freud, Adler und C.G. Jung auf einen gemeinsamen Nenner zu bringen. Aber bis jetzt hat man ihn nur in dem Keller des Altersheimes gesehen. Er nennt den Keller „den Unterschwelligen". Sein Zechkumpan ist der Apotheker. Sie erzählen sich Karl-Valentin-Anekdoten ohne jeden psychotherapeutischen Fachausdruck.

Ja, und dann haben wir in der Traumstadt ein Gymnasium und eine Universität. Auf der Oberprima versagen zum 7000. Male die Schüler im Abitur, in der Abschlussprüfung, die seltsamerweise in den frühen Morgenstunden abgehalten wird. Vor den Erfolg haben die Götter den Schweiß gesetzt. Vor den Misserfolg auch. Nachdem sich die am Traumstadtgymnasium ihren Schweiß abgewischt haben, rasieren sie sich und gehen, gefrühstückt habend, als Bankdirektoren, Hauptaktionäre, Aufsichtsräte oder Polizeiobersten an ihre Tagesarbeit.

Die Traumstadt ist nicht existent, aber sie hat ihre Auswirkungen.

Entwurf zu einer Rede aus meinem Grab heraus

Vor einigen Tagen habe ich bei der Verwaltung des Nordfriedhofs angerufen, um mich nach den Grabpreisen zu erkundigen. Der freundliche Mann am Telefon nannte mir die verschiedenen Kategorien (Bei *verschiedenen* überkommt mich die fatale Doppelbedeutung dieses Wortes und ein leichter, kühler Schauer umschüttelt meine Schulterblätter.) – also, der freundliche Mann am Telefon meinte, vorne auf dem Nordfriedhof sei alles ausverkauft, aber mein Alter sei doch kein Alter (Ich bin ein angehender Endsechziger.) und die meisten Leute, die Gräber kaufen wollten, überließen dies den Angehörigen.

Einigermaßen verwundert über die Vielfalt des Grab-Komforts (Hauptwege, Nebenwege, Seitenwege, Dickichtverstecke – letzteres vermute ich allerdings nur, indessen hoffe ich, dass es dieses auch gibt, denn ich könnte mir gut vorstellen, dass man dort sehr geborgen liegt.) und die diversen Preislagen, überlegte ich mir, dass ich zurzeit imstande sei, jene Garnitur zu wählen, die einem arrivierten Dichter zustehen müsste, angemessen sei oder wie man es sonst nennen will. Also: für 15 Jahre Quartier in der feuchten Erde = 180 Mark. Dieses besprach ich mit meinen Erben und stellte einen Scheck ohne Datum über die Summe aus. Meine Erben wollten den Scheck zuerst nicht annehmen. Aber dann, als ich ihn in einem versiegelten Umschlag kuvertiert habe, mit einer entsprechenden Aufschrift, haben sie den Umschlag in einer Schreibtischschublade geborgen. Und dann, als ich mich trotz aller Bemühungen meines Arztes nicht mehr regte – nun ja, und so liege ich also jetzt hier für 180 Mark fünfzehn Jahre lang. Ohne Baukostenzuschuss, ohne Reparaturkosten, ohne sonstige Verpflichtungen. Was ich allerdings *drüben* alles zu leisten und abzuleisten habe, das weiß ich noch nicht. Das wird sich erst herausstellen, wenn ich nach 7 Tagen vor das Angesicht des Schöpfers aller Werte und Unwerte trete. 7 Tage braucht die

Seele nämlich, um in die Mitte des Alls zu gelangen, wo die Allmächtigkeit ruht, die alles in Bewegung setzt, zum Gedeih und Verderb, zum Leben und zum Sterben.

Der Abschied vom Hiesigen ist mir nicht leicht gefallen. Ich habe das Leben, so wie es unsereiner führt in allen seinen Phasen in Lust und Freud, in Leid und Lamento, geliebt!

Vieles von meinen Erlebnissen habe ich aufgeschrieben, meist nur das innerlich Erlebte und Etliches ist gedruckt worden und bleibt (vielleicht) manchem als Vermächtnis. Und wenn es nur eine einzige Zeile ist!

Ich bin meinen Mitmenschen, mit denen ich schicksälig oder durch Zufall verbunden war, vieles schuldig geblieben. Sie alle mögen mir bitte verzeihen. Aber zu meiner Entschuldigung darf ich an dieser Stelle und hier unten aus dieser Gruft (Möglicherweise dringt meine Stimme nicht ganz deutlich durch den Sargdeckel, deshalb habe ich einen meiner Freunde gebeten, das alles, was ich zu guter Letzt noch sagen wollte, vorzulesen.) – dass ich alles das, was ich in meinem Leben getan und unterlassen habe, gut gemeint habe. Einiges von meinen Sünden habe ich in meinem Leben bitterlich abgebüßt. Vielleicht wird *Gott* mir das von meinem Konto abziehen.

Ihr Schwabinger, ihr Dichter, ihr Maler, ihr Musiker, ihr Bildhauer, ihr Freunde der schönen Künste allesamt, ihr Freunde unseres alten, altehrwürdigen Schwabings, ihr Freunde und ihr geliebten Frauen – setzt mir einen ganz einfachen Feldstein auf mein 180 Mark-Grab. Über die Inschrift könnt ihr euch ja einigen. Nur bitte ich, das Wort *Dichter* drauf zu setzen, denn diesen Titel, diese Berufsbezeichnung, habe ich mir in manchen schlaflosen Nächten und dem Ringen um das richtige Wort am richtigen Ort verdient. Das sollt ihr anbringen.

Euch allen wünsche ich mit meinem ganzen Dank für die

Liebe und die Zuneigung, die mir in meinem Dasein entgegengebracht worden ist und ebenso erwidert worden ist, ein erfolgreiches, ein glückliches und mit sich selbst und der Umwelt zufriedenes Leben – bis ihr mir dahin folgt, wo ich jetzt bin. Einstweilen: Addio! – Werft eure Schaufeln und streut eure Blumen. Und dann geht in die „Seerose"! Ich habe dort 100 Mark hinterlegt. Die könnt ihr auf mein jenseitiges Wohl versaufen.

Allerherzlichst,
Euer PPA

Aus einem späten Tonbandbrief

Ich bin kein Heimatdichter geworden, ich habe nie die Schönheit der Stadt Münster besungen, nie die Reize des Aasees, der in meiner Kindheit lediglich ein Tummelplatz für Anfangs-Schlittschuhläufer war und zum großen Teil aus schilfigem Morast bestand. Ich habe nie „unterm Bogen" (d.h. den Prinzipalmarkt), den Dom, wo ich Meßdiener war, den Horsteberg, die Kleiboltengasse, die im Frühlingswind rauschenden Bäume der Promenade , wo alle Sehnsüchte junger Menschen erwachten und in die Ferne strebten, ich habe nie das intime Barock der Clemenskirche mit ihrem geheimnisvoll fensterdurchfluteten Halbdunkel, ich habe nie den damals lichtbestandenen Domplatz besungen. Aus all dem ging viel in mein Kinderherz hinein. Es wurde sozusagen hineingepflanzt. Es war eine Ahnung des Begriffs Schönheit. Erst viel später, viel, viel später, kam das alles zur vollen Blüte, es sprang in mir auf und es reifte...

Wenn ich jetzt in Münster lebte, würde ich vielleicht doch noch ein Heimatdichter werden...

In seiner Literazzia nennt mich Hans Reimann einen Wortmusikus. Im Vorwort zu den „documenta poetica" sagt der Herausgeber, Hans Rudolf Hilty, meine Gedichte hätten ihren Platz zwischen den Bildern von Paul Klee und Marc Chagall. Obwohl ich das für ein großes Kompliment halte, würde diese Äußerung mich kaum zu einem Heimatdichter stempeln. Aber Paul Henckels, der bekannte Schauspieler, der Gedichte von mir in seinen Vortragsabenden rezitiert, schickt dem Kapitel Peter Paul Althaus jedesmal ein Vorwort voraus und nennt mich darin einen westfälischen Spökenkieker und Till Eulenspiegel. Und so sehe ich mich jetzt in einem dreiteiligen Spiegel.

Bei dreiteiligem Spiegel muß ich dabei an den Schneider Wittler in der Jüdefelder Straße in Münster denken, bei dem meine Eltern mir alle zwei bis drei Jahre zu Pfingsten einen Anzug schneidern ließen, der auch meinen Kommunionanzug mit den ersten langen Hosen meines Lebens schneiderte. Ja, so sehe ich mich in Herrn Wittlers Anprobierspiegel wieder. Auch die Modebilder der vornehmen Herren sehe ich, die in lässiger Haltung an Marmorgeländern in einem Parkt lehnten.

Mein brennender Wunsch war damals, die große Welt als einer der lässigen, vornehmen Herren zu erleben, in der immer strahlender Frühling und ein milder, ganz abgeklärter Herbst herrschten. Nun ja, irgendwie ist dieser Wunsch in Erfüllung gegangen, wenngleich auch einige sehr strenge Winter dazwischen lagen, zwischen dem strahlenden Frühling und dem abgeklärten Herbst. Nun bin ich nur ein schlichter Dichter geworden. Wenn ich in Münster geblieben wäre, möglich, dass ich mir noch heute bei Herrn Wittler in der Jüdefelder Straße zu Pfingsten einen Anzug machen ließe, aber Herr Wittler ist lange, schon sehr lange, tot.

Mich trieb es in die Ferne. Trotzdem gehe ich oft über die Aabrücke, unter der eine Quellnymphe wohnen muß. Sie ist inzwischen sicher alt geworden, so wie ich. Damals, so bildete ich mir ein, flüsterte sie mir meine ersten Gedichte zu...

Großer Bilderbogen für Kriminalromanleser
Englandgeschichte

Kapitel I.

Jeder Kriminalroman, der etwas auf sich hält, spielt im Ausland. Möglichst in Chicago oder London. London hat insofern den Vorzug, als dort unmittelbar Scotland Yard eingreifen kann.

„Sechsunddreißig von vierzig meiner Londoner Bekannten", schrieb unser Reporter, „konnten mir nicht sagen, in welcher Straße Londons Scotland Yard liegt. Aber aus Kriminalromanen wussten sie sogar, in welchem Flur des Gebäudes sich das Taschendiebstahldezernat befindet." Und wie ist es mit Ihnen, verehrte Kriminalromanlesegemeinde? Wir haben Ihnen zuliebe unseren Berichterstatter mal alle jene Viertel in London aufsuchen lassen, in denen die durchschnittlichen Kriminalromane ihr Wesen treiben. Womit fängt ein Kriminalroman zumeist an? Mit dem Verbrechen. Tunlichst einem Mord. Also bitte.

Das war eine Gasse in Soho. (Soho ist das Vergnügungsviertel von London.) Diese Gasse sah nicht sehr vergnügt aus. (Soho ist in den Kriminalromanen jenes Viertel, in dem sich die berüchtigten Gangsternachtclubs befinden.) Nein, sie sieht nicht sehr vergnügt aus diese Gasse. Das hatte seinen Grund darin, dass in „einer der engen Seitengassen von Soho in den frühen Morgenstunden eines trüben Januartages aus einem jäh aufgestoßenen Fenster ein Paket oder etwas Ähnliches auf das Pflaster geworfen wurde..."

Passanten fanden, und zwar „... in der Nähe des exklusiven, aber zweifelhaften Nachtclubs ‚Zur gelben Chrysantheme', einen mit Ketten umwundenen Sack. Ein zufällig anwesender Arzt stellte fest, dass sich in dem Sack ein elegant gekleideter Körper eines jungen Mannes befand, der anstelle eines Kopfes einen Fußball trug. Auch das tadellos gestärkte Frackhemd zeigte verdächtige rote Flecken ..."

Der Sack mit Inhalt wurde nach Scotland Yard geschafft, wo die Bearbeitung des Falles sofort in Angriff genommen wurde. Sonderkommandos streiften gemächlich wandelnd die Straßen von Soho ab. Wenn diese beiden Bobbies sich scheinbar auch nur über Gehaltsverbesserungen und weihnachtliche Süßigkeitszulagen – übrigens, dies nebenbei, man steht in England nach Süßigkeiten noch immer Schlange – unterhielten, so entging ihnen doch nichts, was auch nur entfernt nach Verdacht roch.

Kapitel II.

Auf dem kleinen Platz, auf dem der unheimliche Sack mit dem „Fußballkopf" (wie die Schlagzeilen der bereits um 11 Uhr morgens erscheinenden Abendzeitungen den Fall betitelten) gelegen hatte, erschien halb zwölf ein Straßenmaler. Seit beinahe dreißig Jahren tat er das. Jeden Morgen, an dem die Sonne aufging (außer sonntags, wo zwar auch die Sonne aufging, aber da arbeitete er nicht) malte er dasselbe Bild auf das Pflaster: Eine trübselige Landschaft in Grau, Weiß und Schwarz. Heute hatte er von dem Kriminalschriftsteller eine Sonderaufgabe bekommen. „... ein ironisches Lächeln über die spärlichen Kupfermünzen, die in seine abgegriffene Mütze gelegt wurden, umspielte seine dünnen Lippen. An diesem Morgen zog er plötzlich ein Stückchen rote Kreide aus seinem schäbigen Samtrock und er zeichnete an den dürren laublosen Ast einer kaukasischen Eiche, deren Spitze geradenwegs auf den Hintereingang des Nachtclubs ‚Zur gelben Chrysantheme' zeigte, *sieben rote Vogelbeeren.*" (In den meisten Kriminalromanen war es nicht ein Straßenmaler, sondern ein zerlumpter bettelnder Geiger, der vor den Nachtclubs die Geheimsignale gab. Allerdings nicht am helllichten Tag, sondern erst, wenn der Nachtbetrieb in dem Club losging. Wenn Gefahr im Verzuge war, wenn die Polizei naht, spielt dieser Geiger eine bestimmt Melodie in ein an der Tür des Nachtclubs verborgenes Mikrophon. Aber warum sollte nicht mal zur Abwechslung ein Straßenmaler ein optisches Geheimzeichen geben." ... kaum hatte der Straßenmaler die siebente Vogelbeere an den Baum gezeichnet, als einer der Zuschauer, ein junger Schwarzer mit käseweißem Gesicht zu dem Hinterausgang der ‚Gelben Chrysantheme' schlich und in demselben verschwand, als hätte ihn der unheimliche Rachen eines Hais verschlungen..."

In den meisten Kriminalromanen löste nicht die Polizei, sondern der mit allen Wassern gewaschene und der allen Situationen gewachsene und außerdem bildschöne junge Privatdetektiv den Fall. Außerdem hatte er die Aufgabe, am Schluss die verfolgte Unschuld zu heiraten. Diese, eine bezaubernde, kurz vor der Volljährigkeit stehende und damit zum Antritt einer Millionenerbschaft (von der sie aber Zeit ihres Lebens nicht die geringste Ahnung gehabt hatte) berechtigte Vorleserin bei einer alten tauben Dame, die aber weder taub noch alt noch eine Dame, sondern ein äußerst hellhöriger Dunkelmann war) – aber wem erzählen wir das? Der junge Privatdetektiv – wo wird er wohnen? Natürlich in der *Bakerstreet*, wo sein berühmter Vorgänger Sherlock Holmes schon gewohnt hatte. (Übrigens konnte uns kein Mensch in der Bakerstreet, selbst Hundertjährige nicht verraten, auf welcher Hausnummer Sherlock Holmes seiner Zeit gewohnt hatte. Und in dem kleinen Seitengässchen der Bakerstreet, das seinen Vornamen trug, in dem wusste man nicht einmal, wer es denn gewesen sein sollte, dieser Sherlock Holmes.)

Kapitel III.

Die beiden Bobbies hatten ihren Streifengang inzwischen fortgesetzt und stießen in der Nähe von Piccadilly plötzlich auf einen Blumenverkäufer. Sie taten so, als ob sie ihn überhaupt nicht bemerkt hätten. Aber es fiel ihnen einiges an dem Manne auf. Nicht, dass er seinen Korb auf dem Kopfe trug; das taten alle Blumenverkäufer in London. Aber nicht alle trugen ausgerechnet „... einen Korb mit unwahrscheinlich gelben Chrysanthemen auf dem Kopf, auf demselben Kopf, auf welchen später, um das schon jetzt vorauszusagen, ein Preis gesetzt wurde –" und zwar hier im Aushang an der Rückseite von Scotland Yard. Aber wir wollten den Blumenverkäufer im Auge behalten.

Hier ist er noch einmal. Was den beiden Bobbies besonders aufgefallen war, das war sein absonderlicher Gang – „natürlich! Das ist Zehen-Paul! Der raffinierteste Verkleidungskünstler der ganzen Zunft. Sein einziges Pech bestand darin, dass er seinen Gang nicht verändern konnte, weil ihm bei einer Auseinandersetzung mit einer Konkurrenz-Gangsterbande die Kappe seines rechten Schuhes mitsamt drei Zehen abgerissen worden waren. An die dreihundert Mal war er bereits von der Polizei verhaftet worden, immer hatte er ein lückenloses Alibi gehabt, aber jetzt...

Als die beiden Bobbies ihm blitzschnell um die Ecke folgten, gähnte ihnen der leere Schlund einer Untergrundbahn entgegen. Damned! Entwischt! „Entwischt? O nein. Das findige Auge des Gesetzes entdeckte auf der oberen Stufe der Treppe eine abgefallene Chrysanthemenblüte, und nicht nur eine, nein, eine ganze Reihe. Die Beamten eilten der Spur nach, der Verbrecher hatte es ihnen wahrlich leicht gemacht... "

Die Spur führte zu dem mitten in der unterirdischen Schalterhalle einsam dastehenden Blumenkorb. Da hörte sie auf. „... wie aus dem Boden gewachsen stand plötzlich ein alter, gebeugter Mann neben den Polizisten, nahm seinen langen weißen Bart für einen Augenblick ab und zwinkerte den beiden zu: ‚Boys, ihr sucht den Zehen-Paul?' Die beiden Beamten nahmen Haltung an und sprachen: ‚Jawohl, Inspektor Higgins.' Denn er war es. ‚Lasst mich nur machen', sagte der Inspektor Higgins, zeigte dem Mann an der Sperre seine Marke und war in dem Durchgang, der zu den Zügen führt, verschwunden..."

Kapitel IV.

Eine Stunde später bekam Scotland Yard einen Anruf aus Limehouse (Limehouse ist in Kriminalromanen ein furchtbar unheimliches Viertel, das Chinesenviertel, in dem es auch tagsüber dunkel ist und wo darum vor den Opiumhöhlen und Lasterkneipen dieses Viertels ständig rote, drachenbemalte Papierlaternen brennen. Wo schlitzäugige Söhne des fernen Ostens in der charakteristischen Tracht ihres Landes mit asiatisch-hintergründigem Lächeln ihre langen Zöpfe um die Finger wickeln – und wo in Wirklichkeit zwei oder drei höchst achtbare chinesische Restaurants, und wenn überhaupt Chinesen, so nur solche in europäischer Konfektion zu sehen sind.) „... gab der Apparat auf dem Tisch des Detektiv-Inspektors Walros einen summenden Ton von sich. Walros, ein hochgewachsener Anfangvierziger hob den Hörer aus der Gabel. ‚Hallo? Oh, Higgins – ja – von wo?' – Nur noch ein halbes Wort hörte Walros aus der Muschel, die andere Hälfte war ein dumpfer Fall. Aber Inspektor Walros hatte genug gehört..." Jetzt stand er mit einem handfesten Sergeanten unten auf dem Hof von Scotland Yard und wartete auf einen Wagen, der die beiden „...in rasendem Tempo nach schweigend zurückgelegter Fahrt in die verrufenen Gassen führen sollte, in denen sich die Ausschweifungen der ganzen Welt ein Stelldichein gaben..." Im Verlauf einer halben Seite Kriminalroman waren sie da. Aber weder bei Young Chow's (Chow ist chinesisches Eingemachtes, eigentlich Chow Chow –, vom Hunde ganz zu schweigen) noch bei Sai Foo, den beiden respektablen Chinesen-Restaurants von Limehouse wusste man etwas.

Wie könnte man auch? Aber der Kriminalroman war im Bilde. „... Inspektor Higgins! Haben wil nie gehölt" – (Chinesen können bekanntlich in Kliminallomanen kein R aussprechen. In Wirklichkeit sprachen die Chinesen in Limehouse ein tadelloses Englisch mit allem, was dazu gehörte. Einer sprach sogar ein zwischen den beiden Kriegen in Dresden gelerntes tadelloses Sächsisch.) „... und wem gehört das Fahrrad da draußen? ..." Auf dem Gepäckträger genau derselbe Sack, wie der Sack in den der Mann mit dem Fußballkopf gehüllt gewesen war! Eine neue Spur? Sollte dieser Fall in irgendeinem Zusammenhang (auf welchen Zusammenhang die Scotland-Yard-Beamten sicherlich schon früher von selber gekommen wären, wenn der Kriminalschriftsteller logischer vorgegangen wäre) mit der Goldschieberaffäre Zipter stehen? Diese Spur würde nach Whitechapel führen. (Whitechapel ist der dritte, in Kriminalromanen beliebte Tummelplatz der Verbrecherwelt. Hierhin locken die Kriminalautoren nächstens ihre Opfer, damit ihnen „... von lautlosen Gummisohlen plötzlich ein nasser Sandsack über den Schädel geschlagen würde ..."

Vier unauffällig gekleidete Männer sind die hölzernen Treppen, die von der Untergrundstation nach oben führten, hinaufgestiegen und begaben sich an die Ecke der Whitechapel-Highstreet. Whitechapel sah mit den Auge der Kamera betrachtet erheblich harmloser aus als in den Schilderungen der Kriminalromane. Von der nassen Sandsackromantik war hier nichts zu bemerken. Trotzdem, es lag etwas hier in der Luft. Als unser Reporter an der gegenüberliegenden Ecke die Kamera hob, wandten sich etliche Leute blitzschnell um, andere schlossen ihre Stehgrüppchen noch enger zusammen und deckten mit ihren Rücken die in der Mitte Stehenden. – Auf diesen Platz mündeten sieben Straßen und Gassen. Sollte das etwas mit den geheimnisvollen sieben Vogelbeeren zu tun haben, die der Straßenmaler vor dem Nachtklub in sein Pflasterbild zeichnete?

Plötzlich bimmelte von irgendwo aus der Nähe ein wimmerndes Glöckchen, anhaltend, erbarmungswürdig. ‚Burglarious alarm – Einbrecher – Alarm' sagte jemand uninteressiert. Wir aber, auf den Spuren mysteriöser Dinge, interessierten uns für alles.

Also waren wir schnell mal dem Gebimmel nachgegangen. Zwei Straßen weiter unten war ein kleiner Auflauf. Die Polizei war bereits mit zwei Wagen zur Stelle. Eine Ladenfensterscheibe war eingeschlagen worden .... nein, wir wollten uns nicht mit Kleinigkeiten aufhalten.

Kapitel V.

Die Spur der gelben Chrysanthemenblüten hatte an einem Sonntag nach Whitechapel geführt. Dies hatte zur Folge, dass in Whitechapel die eine Seitenstraße voller Menschen war, während die nächste Seitenstraße wie ausgestorben dalag. Unserem Berichterstatter wurde gesagt, dass die Bewohner hier nach Konfessionen getrennt wohnten und die einen ihren Sonntag schon einen Tag vorher begangen hätten, während die anderen – aber der Kriminalschriftsteller wusste es besser.

„...ganz Whitechapel schien an diesem Sonntag wie ausgestorben, bis auf zwei Menschen in einer der öden Seitenstraßen von Highstreet. Obwohl diese Straße bis auf diese zwei Menschen leer war, hatte die es in sich. Hier in dieser Straße hatte nämlich Zehen-Paul einen seiner zahlreichen Unterschlupfe.

Das andere Wesen in dieser öden Straße war kein Mensch, sondern ein Beamter, der Detektiv-Sergeant Dillbottom von der Abteilung IICXPY, der seit zwei Tagen bereits dieser sonderbaren Frau mit dem eigentümlichen Gang auf den Fersen war. Die Frau näherte sich den ersten Häusern an der Einmündung der Seitenstraße in die Highstreet, da erblickte sein geschultes Auge zwei Inder, die mit unverkennbar verdächtiger Eile und abgewandten Gesichtern die Highstreet überquerten und auf die Frau mit dem merkwürdigen Gang zustrebten. Ehe er es verhindern konnte, waren sie in der Haustür verschwunden ... alle drei zusammen. Sergeant Dillbottom plinkerte mit dem rechten Auge. Das tat er immer, wenn er nachdachte. Irgendwie hatte er etwas für die 'Frau mit dem altmodischen Hut' übrig. In den Kreisen seiner Kollegen galt er als Sonderling. Lange stand er vor der trostlosen Mietskaserne, die das Trio aufgesogen zu haben schien, und blickte nachdenklich zu den Fenstern hinauf ..."

Kapitel VI.

Wir hatten die vier unauffällig gekleideten Männer vorläufig an der Ecke der Whitechapel Highstreet stehen lassen. Dort standen sie noch. Nur der eine der vier war mal schnell in den Tabakladen gegangen, um sich ein Päckchen Zigaretten zu kaufen. Was ihm dort begegnete, erzählt uns der Kriminalroman. „ ... kaum hatte Smith, der jüngste der vier Beamten seinen Wunsch nach einer Packung Nayers Plavycut – DIE IMMER WIEDER GERN GEKAUFTE ZIGARETTENSORTE – ausgesprochen, da sagte ein unheimlich dünner Mann, der neben ihm stand: 'Mir auch.' Der Verkäufer legte zwei der verlangten Päckchen – STETS GLEICHBLEIBENDE QUALITÄT – auf den Ladentisch. Der dünne Mann griff mit einer ungeschickten Bewegung zu und wischte wie aus Versehen das Päckchen des Kriminalbeamten vom Tisch. Schnell wie ein Wiesel bückte er sich, hob es auf und überreichte es dem Beamten, dabei eine halblaute Entschuldigung murmelnd. Als Smith draußen das Päckchen öffnete, um seinen Kollegen eine Zigarette anzubieten, entdeckte er unter dem Cellophan eine Bleistiftnotiz. Mit ungelenker Hand stand da geschrieben: ‚Wenn ihr einen guten Fang machen wollt, seid Punkt vier Uhr an der schiefen Laterne.' Smith steckte die Packung in seine Rocktasche. Diese Beute sollte ihm allein gehören. ‚Mal eben nach den Pferden sehen' sagte er, ‚wenn ich wieder komme, bringe ich euch was Schönes mit.' Und mit elastischen Schritten ging er die Highstreet hinunter. Die schiefe Laterne! Da war der Platz, wo vor drei Jahren (siehe Band Nr. 286 „Der goldene Zeigefinger" vom gleichen Autor) der amerikanische Korinthenkönig Mike H. Lucky Strike mit einem vergifteten künstlichen Gebiss im Nacken tot aufgefunden worden war! Bis heute fehlte noch jegliche Spur von dem 'Beißer'. Als der vorletzte Schlag der Uhr sich vom nahen Turm löste, stand Smith – und als der letzte Schlag der vierten Nachmittagsstunde erklang, stand ein untersetzter stämmiger Neger an der Ecke der schiefen Laterne.

Den fünften Schlag, der allerdings nicht vom Turm, sondern aus dem Hinterhalt kam; er war mit einem harten Gegenstand auf seinen Kopf geführt worden, hätte Smith nicht mehr überlebt, wenn nicht sein steifer Hut eine federnde Stahleinlage getragen hätte. Ehe der Neger in die hintere Hosentasche greifen konnte, um seinen zwölfschüssigen Colt zu ziehen... Er zog aber nur sein Taschentuch, um vor dem Fotografiertwerden noch mal schnell seine Nase zu putzen „... wurde ihm dies zum Verhängnis. Denn Smith bemerkte an dem kleinen Finger seiner linken Hand einen silbernen Ring mit einem eingravierten Seepferdchen ..."

Also doch Seepferdchen-Bande! Die Vogelbeeren – die gelben Chrysanthemen – alles Irreführungen! – Die Seepferdchen-Bande, Sitz: Wapping! (Wapping, das besonders bei Edgar Wallace beliebte Hauptquartier von Gangster-Banden, die Gegend an den Docks.)

Kapitel VII.

Es beginnt nun der Höhepunkt der Kriminalromane: Die große Verbrecherjagd. Dies hier war die Stelle wo nachts, unter den Rampen der Lagerhäuser die Kähne mit den bewusstlos gemachten Opfern, den bereits erwähnten Millionenerbinnen, die nichts von ihrem bevorstehenden Reichtum wussten und die den ebenfalls erwähnten jungen Detektiv heiraten mussten, landeten – durch diesen verlassenen Durchgang wurden sie, in einen

Teppich gehüllt oder unverpackt von ruch-, gewissen- und skrupellosen Entführern und Erpressern geschleift und in die Kellerräume eines dieser düsteren Lagerhäuser verschleppt, um nach dem Aufwachen aus der Ätherbetäubung eine Verzichtserklärung auf ihre Erbschaft zu unterschreiben, was jedoch in aller-allerletzter Minute von dem gerade zur rechten Zeit eintreffenden Beamten von Scotland Yard mitsamt dem jungen Privatdetektiv, der natürlich die endgültige Spur gefunden hatte, verhindert wurde. Und während der junge Detektiv und die Millionenerbin sich noch in den Armen lagen, saßen die Beamten von Scotland Yard bereits wieder in ihren Büros, wo alle Fäden zusammenflossen und bearbeiteten einen neuen Fall.

In den frühen Morgenstunden eines trüben Januartages wurde hier am Embankment (das ist auch so ein Gefilde für die Kriminalschriftsteller), wo jetzt ahnungslos, was hier morgen in Kriminalromanen Übles geschieht, das junge Mädchen am Geländer lehnte, die Leiche eines schlecht rasierten Bettlers gefunden, und übermorgen hing es bereits an allen Plakatwänden. Aber auch in diesem (noch viel interessanteren und schwierigeren Fall „Das Haus ohne Schlüssellöcher", Band 287) würde Scotland Yard (dessen Arbeit so ganz anders ist, als es sich die Kolportage-Romanschriftsteller träumen lassen!) Sieger bleiben.

PS.
Was den „Mann mit dem Fußballkopf" betraf, so stellte sich heraus, dass es ein total betrunkener Gast eines der Nachtklubs in Soho war, den seine silvesterfeiernden Zechkumpane, nachdem sie ihm eine Fußballhülle über den Kopf gezogen, in einen Sack gesteckt hatten, damit er auf der kühlen Straße seinen Rausch ausschlafen sollte. Dies hatte er dann am Neujahrstag auf der Polizeiwache des Distrikts getan. Dort wurde auch das Blut auf seinem Frackhemd als Rotweinflecken diagnostiziert.

Also in Wirklichkeit nichts Unheimliches in Soho-Whitechapel-Limehouse-Wapping, den Schauplätzen der Kriminalromane. „Das einzig Unheimliche", schrieb unser Berichterstatter, „was ich auf der Fahrt in die Kriminalroman-Verbrecherviertel Londons erlebte, war ein Denkmal, das mich grüßte, als ich auf der Rückfahrt von Wapping vorüberkam."

Anmerkungen

Aus meiner Familienchronik
1 Der Ort Medebach liegt im östlichen Westfalen, im Hochsauerlandkreis, in der Nähe von Winterberg
2 Anmerkung: 1800 Sieg Napoleons über die Österreicher
3 Anmerkung: 1757 Sieg der Österreicher über Friedrich den Großen

Geschichten von Herrn Jemand
1 Aus dem letzten Heft des „Send" (Februar 1922)

Die hinteren Wörter des Herrn Polycarpus
1 aus: Peter Paul Althaus, „Was weißt, oh Onkel Theo, Du ..." von Jobst A. Kissenkoetter (HG), Emsdetten (1968) S. 59-64

Begrüßungsrede zur Nikolausfeier in der Seerose
1 PPA und der damalige OB von München Hans-Jochen Vogel kannten sich gut. PPA wurde von ihm als Bürgermeister der Traumstadt mit Herr Kollege angeredet.
2 „Schwabing" von Pitt Koch, eingeleitet von Peter Paul Althaus, München (1958)
3 PPA war damals schwer erkrankt und war erfolgreich von den Ärzten behandelt worden. Prof. Marchionini war damals Direktor der Universität- Haut-Klinik
4 Gemeint ist Altbundespräsident Prof. Theodor Heuß
5 Eine Anspielung auf Franz-Josef Strauß

Selbstgemurmel zur Klagelaute
1 Geleitwort des Buches „Geliebtes Schwabing", herausgegeben von Werner Rukwik, München (1961) S. 7-10
2 PPA starb 1965, es wären 1961 vier Jahre gewesen

Vorwort oder Nachruf – das ist hier die Frage
1 aus: „Schwabing" von Pitt Koch, München (1958)

Verworrene Elegie und billiger Eigentrost eines alten Schwabingers
1 aus: „Schwabing, vom Dorf zur Künstlerfreistatt", PPAs Beitrag zum 800. Geburtstag Münchens (1957) S. 56-68
2 südd.: Zeche, Verzehr

Das Chanson und der Bourgois
1 aus: „Musik und Dichtung, 50 Jahre deutsche Urhebergesellschaft", München (1953) S. 154-155

Unter den Dächern von Schwabing
1 aus: „Welt und Wort", Bad Wörishofen (1957) S. 241-242
2 Anmerkung: das war 1922
3 Anmerkung: Dieses Buch ist nicht erschienen.
4 Es war „Der Zauber der Stimme", eine groteske Komödie. Musik von Ludwig Kusche
5 Zu PPAs Lebzeiten erschien als letzter Gedichtband 1961 die „Seelenwandertouren". Das Gedicht „Vergebliche Frömmigkeit" 1966 im Nachlassband : „PPA lässt nochmals grüßen"
6 u.a. PPA (Hrsg.): „Das Lichtenberg-Seemännchen". Aus der Reihe „Die Seemännchen", Bd. 12. Freiburg, ohne Jahresangabe
7 PPA, „Wundersame, abenteuerliche, unerhörte Geschichten und Taten der Lalen zu Laleburg", Baden-Baden (1956).

Lebenslauf von Peter Paul Althaus in Stichworten

1892: Peter Paul Althaus, von seinen Freunden kurz PPA genannt, wird am 28. Juli in Münster/Westfalen, Bogenstr. 7, (Nähe Prinzipalmarkt) als Sohn des Eisenwaren- Großkaufmanns Franz Althaus geboren. Nach der Schulzeit Beginn einer Apothekerausbildung in Ahlen.

1914-18: Teilnahme am Ersten Weltkrieg, aus dem er als Leutnant zurückkehrt.

1919-22: Nachkriegszeit in Münster. Mit seinem Bruder Josef gründet er eine Heeresgut-Sammelstelle, die später als Außenstelle in das Reichsschatzministerium eingegliedert wird. Er ist Herausgeber der satirischen Zeitschrift „Das Reagenzglas" und der literarischen „Monatsschrift für die spanischen Dörfer – Der Send" in seinem Verlag „Der weiße Rabe".

1920: Erstmals öffentliche Lesung eigener Gedichte in der literarischen Gesellschaft Münster.

1922: PPA bleibt nach einem Verlegerbesuch in München; es wird seine Wahlheimat. Die dortige Bohème und die literarischen Zirkel halten ihn. Es ist die Welt von Karl Wolfskehl, Stefan George, Erich Mühsam, Frank Wedekind, Gustl Weigert, Joachim Ringelnatz, Ludwig Kusche u.a. Hier erlebt er das silberne Zeitalter Schwabings. Er tritt im „Simpl" bei der Kathi Kobus auf. Schon seit 1916 arbeitete er am „Simplicissimus" mit.

1923: Nachdichtungen von „Mystischer Lyrik" aus dem indischen Mittelalter (Recht Verlag München). Seine eingereichten Gedichte erscheinen im Göttinger Musenalmanach.

1924: „Jack, der Aufschlitzer", ein makaberer Gedichtband erscheint im Gottschalk Verlag Berlin.

1927: Nachdichtungen altrussischer Kirchenlieder im Diederich Verlag Jena.

1928: „Das vierte Reich", mit dessen Zustimmung widmet er den Gedichtband Albert Einstein, (Dorn Verlag München). Beginn der Rundfunktätigkeit.

1930: Literarisches Liebhaberkabinett „Der Zwiebelfisch".

1933: „Liebe, Musik und Tod von Johann Sebastian Bach", ein Hörspiel im Bayrischen Rundfunk.
1936: Uraufführung des Theaterstücks „Zauber der Stimme" an den Städtischen Bühnen in Köln.
1939-41: Tätigkeit als Chefdramaturg und Oberspielleiter am Berliner Deutschlandsender. Sie endet auf Betreiben Göbbels, als er erfährt, dass PPA Einstein sein „Viertes Reich" gewidmet hat. PPA geht zur Wehrmacht und kehrt 1945 als Hauptmann heim.
1945: PPA wohnt zunächst in Tutzing am Starnberger See. Beginn der Arbeiten am Gedichtband „In der Traumstadt". Spätere Übersiedlung nach München-Schwabing. Er ist das belebende Element der beiden Schwabinger Kabaretts der „Schwabinger Laterne" und des „Monopteross". 1948 gründet er den Künstlerkreis der „Seerose". Er wird der erste Bürgermeister der von ihm erdachten Traumstadt.
1952: Ende seiner Rundfunktätigkeit, um sich ganz seinen dichterischen Aufgaben zu widmen.
1951-61: Nacheinander erscheinen im Stahlberg-Verlag, Karlsruhe, die Gedichtbände, die seinen Ruhm begründen: „In der Traumstadt" (1951), „Dr. Enzian" (1952), „Flower Tales – lasst Blumen sprechen" (1953), „Wir sanften Irren" (1956) und „Seelenwandertouren" (1961). Ein Nachlassband, „PPA lässt nochmals grüßen", erscheint 1966.
1956: Herausgabe des Schelmenbuches „Die Lalen zu Laleburg" im Klein Verlag Baden-Baden.
1961: PPA erhält als erster den Schwabinger Kunstpreis für Literatur.
1962: 28. Juli, sein 70. Geburtstag. Altbundespräsident Theodor Heuß hält über den Süddeutschen Rundfunk die Laudatio.
1965: Am 16. September stirbt PPA in seiner Wohnung in der Trautenwolfstr. 8, die er seit Jahren aus gesundheitlichen Gründen nicht mehr verlassen konnte. Er wird auf dem Münchener Nordfriedhof beigesetzt. Ludwig Kusche, sein langjähriger Freund und sein „Kollege", Dr. H.-J. Vogel, damals

Oberbürgermeister von München, halten die Grabreden.
Hans Althaus, geboren in Hagen/Westfalen, lebt in Köln. Kürzlich beendete er seine HNO-ärztliche Tätigkeit, um sich ganz auf dem literarischen Erbe seines Onkels Peter Paul Althaus zu widmen. Schon seit Jahren finden in Köln die legendären Traumstadtabende statt, um sie nicht in Schwabing zu einer „liebevollen Legende" werden zu lassen. Er übernahm das Amt des Traumstadtbürgermeisters, das vakant geworden war. Er hält den Kontakt zu den noch lebenden Zeitzeugen, rezitiert die PPA-Gedichte in den literarischen Zirkeln, unterhält ein privates PPA-Archiv und hat inzwischen 4 Bücher und 3 CDs über ihn herausgebracht. Peter Paul Althaus (1892-1965), den seine Freunde kurz PPA nannten, war der letzte große Dichter der Schwabinger Bohème.

Veröffentlichungen: „Aber wie ist es nun das Leben?", Heitere und besinnliche Gedichte, Köln 2004.

Peter Paul Althaus läßt grüßen

Texte von Peter Paul Althaus

Zusammengestellt
und gelesen von
Christian Quadflieg

Audio-CD
Gesamtspieldauer
60`52 min.
Euro 15,40
SFr 28,20
ISBN 3-934872-44-1

Mit dieser CD stellt Christian Quadflieg einen wieder zu entdeckenden Autor und ein Stück Literaturgeschichte vor. Sein Althaus-Programm ist ein Meisterstück in der Auswahl der Texte, wie auch in der Kunst des Vortragens. Die Zuhörer spüren, dass ihm diese Texte eine Herzensangelegenheit sind.

Christian Quadflieg hat sich als Schauspieler auf der Bühne und vor der Kamera in Rollen der Klassik und Moderne bis hin zum Musical einen hervorragenden Namen gemacht. In Schweden geboren, wuchs er in Hamburg auf und besuchte die Westfälische Schauspielschule in Bochum. Zwischen 1969 und 1973 war er im festen Engagement der Bühnen von Wuppertal und Basel. Seit 1974 ist er freischaffend. Mit selbst erarbeiteten Programmen der verschiedensten deutschen Dichter ist er ständig im deutschen Sprachraum auf Gastspielreise.

PENDRAGON Verlag · www.pendragon.de

Flower Tales – Laßt Blumen sprechen

Texte von Peter Paul Althaus

Zusammengestellt
und gelesen von
Rosemarie Fendel

Audio-CD
Spieldauer: 62'00 min.
Euro 15,40/SFr 28,20
ISBN 3-934872-27-1

„Die Dichter verstehen die Sprache der Blumen. Auf diesem Feld hat es Althaus (1892-1965) weit gebracht. Er machte sich das Sein einer Blume zu Eigen, er redete mit Blütenzungen: ‚Ich war ein Gänseblümchen' oder ‚Ich bin eine Mimose'. Selbst die Blume auf einer Tapete gerät in diese Welt der komisch gereihten Wörter. Poesie liegt in der Luft, zumal Rosemarie Fendel jedem Blumenindividuümchen ihre wohltuend duftende und in allen erdenklichen Tönungen leuchtende Stimme leiht."

Stuttgarter Nachrichten

PENDRAGON   Verlag · www.pendragon.de